「発想の転換」の政治

ケネディ大統領の遺言

土田宏
Hlroshi Tsuchida

彩流社

はじめに

第三五代アメリカ合衆国大統領ジョン・F・ケネディは、一九六一年一月二〇日の就任演説で夢を語った。当時の宿敵ソ連への呼びかけではあったが、「共に天体を探求し、砂漠を征服し、病気を根絶し、深海を開発し」ようではないかと訴えた(1)。

核兵器の威力を増し、ミサイルの命中精度を高め、そして高い高度を飛ぶ偵察機から相手の国の軍事施設を写真撮影するほどにまで軍事技術が発達した。相手を完全に制圧するための軍事力の強化は、戦後の一九五〇年代を通じて米ソが共に必死に取り組んでいた課題だった。

だが、軍事力によって世界が平和になるかという問いかけは、当時の人々にとって重要な問題だった。答えは概ね肯定だった。

ひとつの答えは「核の傘」だった。核兵器があるからこそ、平和と安全が確保されるのだとの考えが広く受け入れられていた。また、もうひとつの答えは米ソが同等の強力な核兵力を保持すれば、両国の間に戦争は起きないというものだった。この「力の均衡」による平和という考えも、同じように受け入れられていた。したがって、軍備に資金を投入することは、平和実現のための必要な行為だと考えられてさえいたのだ。

米ソ共に、この膨大な軍事費によって「過大な重荷を背負っている」ために、軍事強化によらない平和を模索しようとしたのがケネディだった。それが冒頭に触れた就任演説での呼びかけになった。科学の力を軍事に向けるのではなく、宇宙の探求と地球上でまだ未開発の場所、特に砂漠と深海とを人間生活に役に立てるために、そしてまだ存在する治癒不能な病を地球上から消滅させるために使っていこうではないかという、四三歳の若い大統領の提案だった。

実際に彼は就任直後の議会で、「我が国はこの十年以内に、月に人を着陸させ、そして無事に帰還させる目標を達成するための努力をしなければならない」と宣言をした。これが実現するのは皮肉にも彼が暗殺されてしまった後になったが、それでも一九六一年五月二五日のこの演説[2]で、多くの人々が将来に明るい光を感じ、そして夢を持つことになった。

ケネディ大統領を語るたびに、私は人々に夢を持たせた点を重視してきた。夢を持つことを子供じみたこととしていた当時の風潮、夢を持ったところで核戦争が起きれば、夢自体全く無駄なのだとさえ考えていた当時の人々の心を、彼はたしかに変えたのだ。

そんな彼の影響は日本にも及んでいた、と私はかつて書いたことがあった。拙著『アメリカ50年　ケネディの夢は消えた?』(彩流社　二〇一五年)の中で、日本レコード大賞に触れ、流行歌という分野での目立った変化に触れた。一九五九年の第一回から第三回までは、まず水原ひろしが歌った「黒い花びら」、次に松尾和子＋和田弘とマヒナスターズが歌った「誰よりも君を愛す」、そしてフランク永井が歌ったリバイバル曲「君恋し」と暗い曲調の楽曲が連続して大賞を受賞していた。

ところがケネディ大統領がその本領を発揮し出した一九六二年の第四回のレコード大賞受賞曲は、橋幸夫と吉永小百合という若い二人が歌ったデュエット曲「いつでも夢を」だったし、その翌年六三年には梓みちよの「こんにちは赤ちゃん」が大賞受賞曲になっている。歌謡界と映画界のトップスター二人がいつでも夢を持とうと呼びかけた明るく軽快な楽曲（佐伯孝夫作詞＋吉田正作曲）と、生まれたばかりでまだ名前のない〝赤ちゃん〟に明るい未来を期待する楽しい楽曲（永六輔作詞＋中村八大作曲）と、それまでの大賞受賞曲とはその趣を全く異にした明るい調子の歌が受賞していたのだ。

ケネディ暗殺後の六四年には、東京オリンピックで日本中が沸き上がっていたはずなのに、選ばれたのは青山和子が切々と悲恋を歌った「愛と死をみつめて」（大矢弘子作詞、土田啓四郎作曲）という暗く寂しい楽曲に戻っていた。

流行歌自体が今日よりもずっと大きな意味を持っていた当時は、日本社会の雰囲気と好みとをレコード大賞受賞曲が象徴していたと考えられるので、これはケネディ大統領がアメリカ国内のみならず、世界に及ぼしていた影響を象徴するものであると私は考えていた。前向きの、未来に何となく希望が持てる時代がケネディの時代だった。

夢を持つこと——それは人間一人一人の人生に生きる目標を与える——それは生きる喜びにつながる。こうして冷戦下、ともすれば暗くすさんでいた人々の心に光を灯し、生きる喜びを与えてくれたのがケネディという一人の大統領であり、だからこそ暗殺によって志半ばで倒れ、そのために大きな業績を残すことができなかったかもしれないのに、死後半世紀以上もアメリカ国民だけでなく、世界の人々（特に、彼と同時代を過ごした人々）の憧れの存在としていまも受け止められているのだと考えてきた。

しかし、前述の『アメリカ50年』を上梓したあと、果たしてケネディの偉大さはそれだけなのだろうか、という疑念が私の心に湧いてきた。彼が訴えた夢は単に月に人を送る、病を克服するということだけだったのだろうかと考えさせられるようになった。なぜだかは分からない。ただ、突然、もっと何かがあるのではないか。ケネディが本当に人々に訴えたかったことは別のところにあるのではないだろうか、と思い、そして改めてこの大統領に立ち向かうことにした。

一九四六年に下院議員候補として選挙運動を展開していたとき、彼の選挙スローガンは「二度と戦争のない世界をつくる」(3)だった。小さな選挙区を代表する者が口にする公約ではなかった。アメリカ議会の下院には外交を論じ、決定する権利は憲法上与えられていない。それなのにあえて二度と戦争のない世界を訴えたことは、ジョン・F・ケネディを考え、論じるときには決して無視できないことなのではないか、とある日思い至った。

ケネディ大統領にはまだ指摘されてこなかった非常に重要な志があった。いや、それこそ彼の夢と言えるものがあった。二度と戦争のない世界を実現することが彼の真の夢だった。とするなら、それを達成する方法も考えていたはずだ。自分の本当の夢を実現するために何をしなければならないかを十分に考えていたはずだ。一九四六年の選挙に勝って下院議員となり、一九五二年の選挙に勝って上院議員となり、そして一九六〇年の選挙で大統領に選出され、翌年から大統領として冷戦下の世界と人種問題が表面化して混乱し始めた国内とを導いていくという難しい舵取りをすることになった一七年間の政治家生活だった。この政治家としての経歴のどこかで、最初の選挙公約の壮大な目標を達成する方法を思いついたはずだったのだ。

本書では、いつその方法に思い至ったのかを論じることはない。「いつ、どこで」に関する資料がないからだ。だが、一九六三年の春頃には「その方法」に思い至っていたはずだ。大統領になってからも、ケネディは本当の自分を表面に出すことはできないでいた。とくに史上最悪の大接戦を勝ち抜いただけに、対立候補だったリチャード・ニクソンに投票した保守派を納得させることが必要だった。(4) 自分の政策を強引に実施することで、彼らを離反させたら、当然二度目の勝利はありえないからだ。

だが、一九六二年の末には、状況が変わっていた。一〇月のキューバ・ミサイル危機を乗り切ったことで、国民の支持率は七〇パーセントを超えていた。一一月に行われたカリフォルニア州の知事選挙でニクソンが大敗した。これは六四年の大統領選挙に出馬する強力なライバルが共和党からは出てこないことを意味していた。自分を前面に出しても、つまり自分の思いを明らかにし、それを政策として実施したとしても、次の大統領選挙は勝てると確信したのだ。

このことが明らかなのは、一九六三年の六月に彼は自分の信念を訴える二つの演説をしているからだ。ひとつは六月一〇日にアメリカン大学の卒業式で行った演説だ。二つ目は翌一一日に全米に向けて行ったテレビ・ラジオ演説だ。

どちらも有名な演説で、これまでも私をはじめ多くの人の著作で扱われ、説明もされてきた。演説としてはアメリカン大学の演説はケネディの就任演説と並べ賞せられることもある優れたものだ。全米向けのテレビ演説は国内での黒人差別撤廃を訴え、そのための法案を議会に提出すると宣言した歴史的に意味を持つものだ。

いま改めてこの二つの演説を、彼の夢の実現という視点で読み直すと、そこには彼の特別な思いを見出すことができることに気づいたのだ。

この二つの演説によって世界とアメリカが大きく変わろうとしたことは確かだ。アメリカン大学の卒業式の演説はソ連のフルシチョフ首相を動かし、そして「部分的核実験禁止条約」の締結に至った。テレビ演説は六四年の画期的な公民権法の成立につながった。

これまで私を含めて、こう解釈するのが常套だった。だが……。

ケネディはこの二つの演説でもっと規模の大きなことを考えていたのだ。

彼が在任していた当時は冷戦の真っただ中だった。米ソ対立が、いつ全面核戦争になるか分からない最悪の時代だった。世界は米ソを中心に真っ二つに分裂していた。アメリカが率いるＮＡＴＯ陣営、つまり西側陣営と、ソ連が率いるワルシャワ条約機構陣営、つまり東側陣営とに分かれていた。この分裂を象徴していたのが、ベルリン市だった。ソ連側陣営の東ドイツの首都でありながら、街自体が東西に分断されていた。その分断を東ドイツが造ったコンクリートの壁、いわゆる「ベルリンの壁」が象徴していた。

ケネディはアメリカン大学でこの分断状況を改善することを呼びかけた。両陣営の相違は相違として、多様性を保持しながら一致協力して平和を守っていく体制を作り出そうと言った。分裂・分断から統合へ世界を動かそうとした。

また、当時のアメリカは国内でも分裂していた。南北戦争後に憲法が改正されて、人種差別が禁止されたにも関わらず、その後一〇〇年もの間、黒人たちは皮膚の色ゆえに差別され続けていた。そして、その差別に耐えて来た黒人たちの我慢が、忍耐がついに限界に達していたのだ。各地で彼らによる暴動が起き、またこれに反発する白人たちの側からの暴力が頻繁に起きていた。黒人と白人の対立はアメリカ社会を完全に分断していたのだ。

アメリカン大学での演説の翌日、ケネディはこの状況から脱出する呼びかけをした。白人も黒人も、そしてその他の少数民族もすべて互いが同じ人間、同じアメリカ人として差別を止め、互いを尊重し、そして皆が平等に扱われ、生活できるアメリカ社会を生み出そうと呼びかけたのだ。

人種、宗教などの相違は相違として、その多様性を保持したままで統合したアメリカ社会を目指そうではないかと呼びかけたのだ。

この二つの演説からわずか五カ月後に、彼は二発の銃弾によって命を奪われてしまった。この突然の死を彼が予測していたとは考えられないものの、この二つの演説はまさに「分断から統合へ」というテーマで、同じ革命的内容を持っていた。まさに、彼が遺した遺言として残ることになったと言える。

考えてみると、いま現在、我々は「分断」の社会に生活しているのではないか。世界はひとつ、グローバリズムだと言われていたはずなのに、トランプ大統領の登場によって、自国の経済利益のみを利己的に追求しようする世界に戻ってしまった。アメリカ国内も再び人種対立が目立つようになり、ヘイトスピーチが横行し、時に暴力を伴う混乱が生まれることになった。

翻ってわが国の状況も、アベノミクスが叫ばれ、あたかも全国民に豊かな生活を保証するかのようであったのが、「格差」が顕著になり、日本会議という得体の知れない団体の影響を受けた政治家や評論家たちのもとで、戦前への回帰現象が顕著になりつつあり、一極集中の政治・社会状況がうまれ、「異質」なものは無視・排除という分断した社会になってしまっている。権力の側が絶対で、これに反対し、反発するものはその存在さえ無視し、排除するのだ。二〇一七年の都議選で自分への批判を繰り返す群衆を「こんな人たち」と軽蔑した安倍首相の言動をはじめ、この数年の国会運営や二〇一八年九月の自民党の総裁選挙など、この排除の論理が大手を振っていることが明らかになった。

そんな今だからこそ、改めてケネディの遺言に耳を傾ける必要があるはずなのだ。分断状況は対立と混乱とを生じるだけであり、未来に向けての前向きな議論を封じることになる。我々は自分たちだけでなく、自分たちの子供の世代、そして孫の世代という未来の世代にも責任を負っていることを改めて確認する必要があるのだ。それが平和な世界の構築に、そして安定した平穏な日常生活の構築と保証とに繋がるからだ。

いま我々がどう生きるべきなのかの答えが、ケネディの遺言にあると信じる。この死の直前の演説を蘇らせることで、我々はこれから先の進路をしっかりと見極めることができるはずなのだ。

本書はこの「遺言」を逐語的に解説する。読者諸兄もこの四五歳で逝った若い大統領のことばに耳と心を傾けながら、よりよい世界とよりよい日本を築く道を見いだしてくだされば著者として望外の喜びである。では、アメリカン大学の演説から注目していきたいと思う。

目次

参考資料

第一章　真の平和のために——アメリカン大学での演説*

アメリカの大学では卒業式に著名人を招いて卒業生に餞別の演説をしてもらうというのが慣例となっている。一九六三年六月一〇日。快晴のこの日。ケネディ大統領はワシントンDCにあるアメリカン大学の卒業式に臨んだ。大学構内の芝生広場に設えられた式場で、名誉教授の称号を与えられるために大学のガウンを身に着けた彼は、卒業生を前に静かに語り出した。

アメリカン大学はメソジスト教会によって建学され、維持されてきた大学で、一九一四年に開学式を迎え、その式に第二八代大統領ウッドロー・ウィルソンが参列していた。ケネディは冒頭で、そんな歴史のある大学の卒業式に招かれたことを大きな名誉であると告げ、宗教・人種による差別もなく学生を受け入れているこの大学を称えた。

そして、そのウィルソン大統領が、まだ前職の大学教授だった時のことばを伝えた。(1)それは「大学から送り出されるすべての人は自分の国の人間であるだけでなく、自分の生きている時代の人間にならなければならない」だった。一九六〇年代初めは、ウィルソンが生きていた時代と同じく、大学は特に選ばれた少数が学ぶ特殊な場所、いわば社会のエリートを生み出す場所だった。だからケネディは、ウィルソン同様に、この大学を卒業する人たちは、男子も女子も、みな自分の生活を通して、自分の持つ才能を通して社会に尽くすこと、社会を支え続けることを望むと自分の希望を伝えた。そして、続けてこう言った。

「この地上で大学ほど美しいものはない」。当時人気だった英国の詩人・児童文学作家ジョン・メイスフィールド（1878～1967）の引用だった。このことばが当時どれほど多くの人に記憶されていたかは定かではない。だが、ケネディは大学を去り行く若者たちにいま一度、自分たちが卒業する大学とは何なのか、大学での四年間が自分の人生に何を意味していたのかを考えさせようとしたのだ。ウィルソンのことばとメイスフィールドのことばを引用することで、大学を卒業する意味をしっかりと認識してほしかったのだ。

それは彼が続けて引用したメイスフィールドの次のことばで雄弁に語られている。大学が美しいのは、そこでは「無知を憎む人々が知ることに努め、真理を知っている人々が他の人々の目を開かせようと努力する場所」だからだ。大学の卒業証書はたんに就職のための、あるいは結婚のためのものではない。大学を卒業するということは「真理を知っている」ということ、そのための知る努力、あるいは学ぶ努力をしたことを大学が認めたということなのだと言った。大学卒の肩書の重要さ、重さを新卒業生に認識させようとしたのだ。

本当の平和

そのような大学卒業生に対して、自分がこれから話す内容を明らかにした。それは世界平和だと。なぜなら、この話題に関しては何も情報も知識もない人たちが多くを語り、そして真実が語られることが余りにも少ないからだ、と理由を告げた。

たしかに、現在でも、国際問題や世界平和の問題は細かい情報や知識なしに日常的な話題となっているけれど、その真実、つまり真の世界平和とは何かということを突き詰めて考えることなく語られている。ケネディは「無知を憎む」大学卒業生はこうした多くの人々の仲間になってはならないと警告したのだ。

世界平和は、アメリカ合衆国がその軍事力や経済力で世界を制圧し、指導すればよいだけのことだと論じられるのが常だった。つまり、パックス・アメリカーナだ。あるいは、米ソ対決の構図のなかで、戦うことなくソ連に屈服してしまうことで平和は保てるのだと言う人々もいた。ケネディはこれを墓場の平和、あるいは奴隷の平和と呼んだ。墓場の平和とは「敵国」の制圧によって殺害された人々が眠る墓場の上に、何ら抵抗することなく命を長らえられた人々が安穏と暮らす状況を指し、奴隷の平和は正に相手の力に屈して、ただ只管《ひたすら》、何も主張せずに命令に従い、そのことで生命の安全を確保する状況を指していた。

当時の人々が、いやともすれば現代の我々でさえ、普通に望む平和だった。ケネディはこのように力だけに頼る平和、あるいは敵に屈服するだけの平和は偽りの平和であり、本当の平和ではないと言った。なぜなら、彼が考える「本当の平和」とは、「地上の生活を生きがいのあるものにする平和、人と国が成長し、希望を持ち、子孫のためによりよい生活を築くことができる平和、単に米国人のための平和ではなく、全人類のための平和、単に我々の時代だけの平和ではなく、永遠の平和」のことなのだと言ったのだ。

では、この本当の平和とはどのような平和なのか。それを達成する道はあるのか。これに明確に答えるのが、この日のケネディ大統領の目的だった。

まだ大学の卒業証書が社会の将来を担う「エリート」を意味していた時代に、その将来の指導者たちに対して、ケネディは自らが考える本当の平和を語った。この時点での彼の心には、自分と同じ思いを抱く後輩たちと共に、新しい希望に満ちた社会を構築していきたいという思いがあったのだろう。自分の理想を「この時この場所で」、しかも「戦争の新しい様相」の時だからこそ、伝達するというのだ。卒業式という人生の一つの区切りの時に、そして前年にキューバ・ミサイル危機として歴史に残ることになったあわや核戦争という状況を何とか避けたばかりで、今後もまだ同じような可能性が残る、いや今度こそ最後の一線を越えて核兵器が使用される戦争が起きるかもしれないという現実の中でこそ、価値ある話題が「本当の平和」、つまり彼自身が信じる平和だというのだ。

結果的におよそ半年後に彼は暗殺という非業な最期を遂げることになってしまった。[2] 彼が心の底から訴えた「本当の世界平和」の理想とそれを達成する方法は、結局は誰にも継承されることなく、一人の大統領が単に甘い理想を語ったものとして葬られることになってしまった。

だが、ケネディがこの日、素晴らしい青空の下で明言した理念こそが、彼の不幸な死ゆえに、彼の「遺言」となったのだった。いま、その「遺言」の中で、ケネディ大統領が何を語ったのかを探ることは、今なおケネディが憂いた「時に無知がはびこり、真実がほとんど知ろうとされない」当時と同じ状況に生活する我々にとって、重要な課題なのではないだろうか。彼が賢明に訴えた理念を受け継ぐことが、真の平和を求める多くの現代人の責務であるはずなのだ。

核の時代の常識

平和について語るという本題に入ると、ケネディは核兵器の時代の現実を語った。米ソ対立の絶頂期だった当時、国際政治の常識は「核による防衛、核による平和」だった。米国の「核の傘」が西側諸国の安全を守り、同じくソ連の持つ「核の傘」が東側諸国の安全を守る、そして必然的に戦争がない状態が保たれる。つまり、逆説的な表現だが、恐怖の武器、核兵器が戦争のない状態を維持しているというのだ。どちらが先に核攻撃しても、相手からおそらくはそれ以上の核の反撃を受ける。そう考えられる以上、核を戦争で使うわけにはいかない。相手の攻撃を凌ぎ、それ相応の反撃ができるだけの核兵器を持てば、自国やその同盟国の安全は保たれる。だから、米ソ両国は核兵器の増産・増強に全力をあげていた。

ケネディは現実をこう表現した。米ソ両国が「大規模で相互に攻撃できない核兵力を維持し、そしてこの兵力に訴えることなしに譲歩することを拒む時代には、全面戦争は考えられません。たったひとつの核弾頭が第二次世界大戦で連合国側のすべての空軍が投下した爆弾の一〇倍もの破壊力をも持つ時代に、全面戦争は考えられません。核戦争によって生じる致命的な毒物が風や水や土壌や種子によって地球の果ての隅々にまで運ばれ、まだ生まれ来ない世代にまで影響を与える時代に、全面戦争は考えられません」。当時の常識だった。しかし、それでも全面戦争への恐怖心を誰もが感じていた状況をこう要約したのだ。

そしてさらに、「自分たちが現実にはそれを使う必要がないことを確信する目的で確保している核兵器に毎年何十億ドルもの費用をかけるのも、平和を維持するために必要なことです」と言って現実を肯定した。トルーマン、アイゼンハワーと彼の前の歴代大統領たち(3)が当然のこととして採用していた考え方だった。

おそらく、聴いているアメリカン大学の卒業生や関係者たちは、これで何が「本当の平和」なのだと感じたことだろう。今でも、この演説をここまで読むと、大きな疑念しか湧いてこない。

アメリカとソ連のどちらの側につく人々も「現在それぞれの側が進んでいる道に安心することができないでいるのです――どちらの側も近代兵器の費用によって過度の負担を負い、どちらの側も恐怖の原子力が次第に拡大していくことを当然のように危惧し、しかもなおどちらの側も人類の最終戦争の手を押しとどめているあの恐怖の均衡を変えようと懸命に突き進んでいるからなのです(4)」。ケネディは一九六一年一月の就任演説でこう語った。核兵器が平和を保っている、米ソ両国が軍事力によって均衡を保っている、つまり力の均衡という現状を就任時には批判していたのだ。

核兵器は使えないという認識のもとで、かろうじて平和が、いや米ソの直接対決がない状態が保たれているという現実に反対していたはずだった。多額の資金が核兵器に投資される現実、そして人々が常に核の恐怖に怯えている現実、でもその現実を維持しようと、さらに核兵器製造競争（軍拡競争）に没頭している現実を批判していた。

就任演説では、ケネディは明らかに、世界の現実を変える大統領として華々しく登場したのだ。その若い大統領は、核兵器に費やされる費用があるなら、その費用を宇宙探索や不毛の砂漠の開発に、深海の探索や開発に、そして不治の病の克服に向けるべきだ。核兵器の改良に向ける科学の力と資金とを人類に役に立つことに向けるべきだ、と人類の夢を語っていたはずなのだ。

それが、このアメリカン大学の演説の冒頭で、全く異なることを述べたのだ。聴く者たちには衝撃的だっただろう。

困難な平和追求

だが、聴衆に衝撃を与えたあと、彼はこう言って演説の方向を変えたのだ。「しかし、このような無益な兵器の蓄積――ただ破壊するだけで、決して創造することがない兵器の蓄積――が、平和を保持するための、唯一の、いわんや最も有効な方法ではないのであります」

ここでケネディは就任演説の彼に戻った。夢を語り、理想を語ったケネディではあったが、就任後は「一〇年以内に月に人を着陸させ、安全に地球に戻す[5]」という、結果として「アポロ計画」となった構想を打ち上げた以外には、特に何もしなかった。逆に、ベルリンでの東西対決、キューバのミサイルをめぐる米ソ対決、とアメリカの軍事力だけがその解決を果たしていた。ベルリンでもキューバでも、アメリカの軍部は武力行使を強く主張していた。また、その軍部は国内で騒乱続きの南ベトナムへの兵力増派は当然として大統領に要求していた。

そんな二年半を過ごしてきたケネディがついに就任演説の精神に立ち返ったのだ。では、核兵器による「恐怖の均衡」以外に平和を構築し、維持する方法とは何か。ケネディの口調は次第に力を帯びていった。

「私が話す平和は理性的な人間による必然的に理性的な目的としての平和なのです」。ここで彼は新しい考え方を提案すると卒業式場の人たちに期待をさせるひと言を言ったわけだが、実は日本語として訳出できない微妙なことば使いをしている。

先に進む前に、この点だけ触れておきたい。ここで彼が言った「理性的な人間」と「理性的な目的」であるが、原語では「ラショナル（*rational* men と *rational* end）」（強調土田）が使われている。通常「理性的」の意味で多く使われるのは「リーズナブル（reasonable）」という形容詞だろう。これは「理性」という意味を持つ「リーズン（reason）」という名詞の派生語で、「リーズナブル」は当然、「理性的」となるわけだ。

だが、リーズンは基本的に、ユダヤ・キリスト教でいう神が人間を創造したときに、すべてを支配する人間にのみ与えた能力という意味を包含している。ある意味で哲学的なことばで、能力であるから「考える力」と受け止められるだろう。

ラッショナルは同じく形容詞ではあるが、これは元の名詞の ration（イギリス英語ではラッション、アメリカ英語ではレイションと発音）とは、意味上の関係はない。名詞の ration は量とか、割合を意味するからだ。英和辞書では、ラッショナルは合理的とも訳されている単語だが、本来は reason と合致しているとか、reason が必然的に意味する道義や道徳に合致しているという意味を内包する。

したがって、ケネディが言った「理性的（ラショナル）な人間による理性的（ラショナル）な目的」というのは、リーゾナブルな、つまり考える力を持っている人間とか考える力による目的という意味ではなく、その能力（理性）を持っている人間がその能力の本来の意味に合致するように考え、行動し、そしてその結果として到達する目的」という意味になるのだ。彼は大学の卒業生を前に、ただ当たり前の人間として「考える」のではなく、「考えた結果として到達した結論に向かって行動を起こせ」という意味を込めていたのだ。

人間、誰でも平和が戦争よりよいと分かっている。これがリーズンの働きであり、リーゾナブルなことだ。だが、そう思っても、そのために行動をとる、何かをしようとする人は残念ながらごく少数だ。だから、ケネディは真の平和を考えるなら、ただ頭で理解するのではなく、その理解に従って何かをしようと提案していたのだ。

だが、そう言いながらも、彼は自分のこのことばが大きな力になりえないことを理解していた。「私が話す平和は理性的な人間による必然的に理性的な目的としての平和なのです」と言った直後に、こう告白している。「平和の追求が戦争の追求ほど劇的でないことは分かっています。いや、しばしば、平和を求める人の声はただ音として人々の耳に届くだけにしかすぎません。だが、我々にはこれ以上に火急な課題はないです」

たしかに、平和を訴えるよりも、「さぁ、今こそ敵を倒せ。戦争だ！」という声の方が訴える力を持っている。その意味では劇的だろう。平和を唱えても、実際に侵略行為があったら、どうするのだ、という反論に有効に対応できる議論はないだろう。

話はずれるが、現在の日本での議論を思い起こすとよい。平和憲法を守るべきだ、自衛隊は日本国憲法の規定の下、国家が持つ自衛権によって存在するのみの機関で他国の領土・領海にその防衛を名目として送り出してはならないという主張よりも、危険な隣国に接している以上、強力な防衛力を持ち、さらにその防衛力を効果的にするために同盟国アメリカと共に海外にも出ていかなければならないという議論のほうが、日本の置かれた国際環境に合致し、より自分たちの安全を確保する議論だと受け止められるだろう。いつの間にか「平和憲法」という表現さえ稀になり、その精神は脆弱で、終戦直後に勝者アメリカが押し付けていったものに過ぎないという議論が大手を振ってまかり通っている。

しかし、平和に関する議論をまじめに聞こうとしなくなったら、この議論が「ただ音として人々の耳に届く」（ケネディはこの人々の耳を"deaf ears＝音が聞こえない耳"と表現した）だけでしかなくなったら、もはや世界は、あるいはその国は戦争に向けて一直線に進んでいくしかなくなってしまうだろう。だから、ケネディはこの問題こそが「最も火急な課題」なのだと言った。課題も彼はtask＝仕事と表現した。理性的な人間が立ち向かう理性的な目的である以上、このことばは最適だろう。人間が立ち向かうべき仕事（課題）はまさに平和の構築なのだ。

それでもケネディは慎重だった。平和の問題は相手国であるソ連の指導者たちが、もっと物分かりのよい態度を取らなければ無理だという人が多いだろう。こう発言して、ケネディはアメリカ国民の大多数が、ソ連という敵国がいる以上、自分たちが安全のために軍事力の強化をしなければならないと考えていることを理解していると表明した。その上で、この思いに対しては、私もそう願っているとだけ答えたのだった。彼らの態度を変えられたらよいのに、と。

ここまで慎重だったケネディは「しかし」と言った後で、持論を展開するのだった。

平和のための行動――発想の転換

それはある意味で衝撃的なことばだった。

「しかし、同時に私は我々も、個人として、国家として、我々自身の態度を再検討しなければならないと信じているのです。我々の態度は彼らの態度と同じくらい重要だからなのです。だから、この大学のすべての卒業生、戦争に絶望し、平和をもたらすことに助力したいと願っているすべての思慮ある国民は、まず内に目を向けて、平和の可能性に対する、ソ連に対する、冷戦の経過に対する、そしてまたアメリカ国内の自由と平和に対する自分自身の態度を検討し始めるべきなのであります」

世界平和の構築には相手がある以上、相手の態度を問題にするのは当然である。ソ連の指導者が、あるいはどこの国が相手であれ、その国の指導者が本当に信頼に値するのか、交渉の結果を必ず守るかは大きな問題になる。それ以前に、相手が本当に平和を求めているのかが最大の問題だろう。あとで裏切られないだろうか。平和と言いながら、攻撃してくるのではないだろうか。いつの時代でも人々がこうした疑心暗鬼になるのは当然だ。

だが、ケネディはここで発想の転換をすることを求めた。相手だって我々に対して同じような疑念を抱いているのだ。アメリカ国民がソ連を信じられないのと同じように、ソ連の国民もアメリカを信じていないのだ。相手を非難し、相手に疑念を抱く前に、相手に我々を信じてもらえる、我々に疑念を抱かせないようにすることが必要なのではないか。ソ連を問題とする前に、まず自分たちのソ連に対する態度を反省しようではないか。

この呼びかけは、冷戦の頂点にいた当時の人々には大きなショックだった。第二次大戦後のソ連の拡張路線に疑問を抱き、その行動の裏にマルクス・レーニン主義の労働者階級による世界の実現という思想的・精神的野望があると教え込まれ、信じ込まされてきたアメリカ国民の大多数にとって、だからソ連は「悪なる国家」であるとの認識が深く埋め込まれていたのだ。当然に、ソ連人は信じられないとの気持ちが強かった。

そこに「ちょっと待て。ソ連を非難する前に、自分たちの態度を考えようではないか」というケネディの呼びかけが、いかに唐突だったかは想像に難くない。ある意味では無謀な提言だった。だが、ケネディは「この大学のすべての卒業生」に対して、そしてこの演説の冒頭で述べていたように「無知を憎み……真理を知っている人々」である大学卒業生に、四年間の大学生活の最終日に、いま一度自分を見直すことを求めたのだ。

ここで彼は見直すべき点を三つ上げた。ひとつは平和自体に対する自分たちの態度、二つはソ連に対する自分たちの態度、最後に冷戦に対する自分たちの態度だった。それぞれの問題点を彼は時間をかけ、丁寧に説明していった。人々の衝撃、つまり拒否反応をゆっくりと肯定的な反応に変えていったのだ。

敗北主義者の平和

最初に問題を「再検討してみよう」と言ったケネディは、「あまりにも多くの人々が平和は不可能である、非現実的であると考えています。だが、これは危険な敗北主義的な考え方なのです。これは戦争は不可避である、人類は破滅の運命にある、我々は支配することのできない力によって支配されている、という結論へ導く」からだと続けた。

あまりにも多くの人々が平和は不可能だと考えていると分かっていたからこそ、ケネディはこの考えを「敗北主義」と呼んだ。絶対的な価値、達成するべき目標があるのに、初めからその実現は不可能だとしてしまうことは、敗者のみの言うことだと断定したのだ。平和は人類にとっての究極的な目標だ。それはこの演説の始めで触れていたように、「地上の生活を生き甲斐あるものにする」からであり、「子孫のためによりよい生活を築くことができるから」である。その平和は無理だと決めてしまったら、あとは戦いしか残らない。

かつて黒人奴隷制度を廃絶するか存続させるかでアメリカ国内が二つに分裂し、ついに廃絶を求める北部諸州と存続を求める南部諸州との間で武力闘争が勃発した。いわゆる、南北戦争だが、この戦争の最終段階で二度目の就任式をしたリンカン大統領はその二度目の就任演説で、「そして戦争はやって来た」と述べた。すべての人々が避けようと努力していたにもかかわらず、戦争は勃発してしまった。その無念さを彼はこのことばに託したのだった。本当はこの戦争は避けられたかもしれなかったのに――。

二〇一五年五月二七日に広島を訪問したオバマ大統領は広島平和記念公園での演説(6)の冒頭にこう言った。「死が空から降ってきた」。もちろん、ここで言う「死」は原子爆弾のことだ。オバマは決してアメリカの責任から逃れようとしたわけではないだろう。だが、非常に突き放したように、死が勝手に空から降ってきたのだと表現することで、原子爆弾の投下の裏には、人間を超えた大きな力が存在していたことを暗示した。本当は、原子爆弾の投下は防げたはずだったのに――。

ケネディがオバマを知るわけはない。だが、歴史好きの彼がリンカンをこよなく研究していたことはたしかだ。史上最も偉大な大統領として尊敬していたという記録もある(7)。だが、ケネディ流に考えると、「戦争はやって来た」で、六二万人以上の南北両軍の兵士を死に追いやった戦争を、ただ「やって来た」ですませてしまったリンカン大統領は、まさに「敗北主義者」の代表だろう。なぜなら、この言葉は、「我々は支配することのできない力によって支配されている」という考えを示しているからだ。

同様に、ケネディが生きていたら（もちろん、その場合は、いまの世の中が全く異なったものになっていたかも知れないのだが）、オバマの言葉にも失望しただろう。原子爆弾の投下を我々の支配できない力に帰してしまうことは、まさに敗北主義以外の何物でもないからだ(8)。

平和の達成は不可能と決めてかかったら、結局は戦争につながるだけ、しかもその戦争は自分たち人間が引き起こしたわけではなく、人知と人力を超えた大きな力が引き起こしただけ、と考えることになってしまう。だから、「こうした考えを受け入れる必要はない」とケネディは断言した。

なぜなら、「我々の問題は人間が生んだものなのです。それゆえ、人間はそれを解決することができるのです。そして、人間は自分が望むだけ大きくなれるし、人間の運命に関するどんな問題も、人間の力の範囲外のものではないのです。人間の理性と精神は、しばしば一見解決不可能な問題を解決してきました。我々人間は、この問題を解決することができると、私は信じているのです」

敗北主義を受け入れないなら、我々は新しい考え方を持たなければならない。ケネディはここで人間を超えた大きな力ではなく、人間自らが持つ大きな力に言及する。人間に解決できない問題はない、と断言した。直面する問題が、たとえ運命的な問題に見えたとしても、それは人間の解決能力の範囲にあるものでしかない。だから、あらゆる問題は解決不可能なのではなく、解決可能なのだ。平和の問題も同じで解決することはできるのだと力強く宣言したのだ。人間には理性と物事を達成しようとする精神が備わっているからだ。

理性による平和

こうしてかなり理想的なことを提示した直後、ケネディはそれでも次のように言って慎重な態度を維持した。

「私は、一部の空想家や狂信者が今なお夢見ている全世界の平和や善意といった絶対的かつ無制限の概念のことを言っているのではありません。私は夢や価値を否定しませんが、これらを我々の当面の、そして唯一の目標にしたとすれば、いたずらに失望と疑惑を招くだけでしょう」

彼は平和を唱えることが、世間一般では「空想家」とか「狂信者」と受け止められることを十分に認識していた。だから、自分はそうではないと否定したのだ。平和を単に夢を見るような形で望んでいるのではない、と。

「そうではなく、より現実的な、より達成可能な平和、人間性の急激な革命ではなく、人間の諸々の制度の漸進的進化に基づき、関係者すべての利益になる一連の具体的措置と、有効な協定に基づく平和に力を注ごうではありませんか。こうした平和を切り拓くための一個で間に合う簡単な鍵はありません。一、二の国によって採択される魔力を持った一大方式などというものもありません。真の平和は、多くの国が協力して生み出したものでなければなりませんし、多くの措置が重なって、初めて創り出されるものなのです。それは静的なものではなく、動的で、各時代の挑戦に応じるために変化しなければならないものなのです。平和は一つの過程にすぎず、問題を解決するための一つの手段だからなのです」

ここでケネディは彼が「真の平和」と呼んだものを、改めて定義した。米ソ二つの超大国だけでなく、すべての国々の利益になるものでなければならず、そのために多くの国が協力し合わなければならないものなのだ、と。しかも、多くの国々に関係するものだからこそ、恒久的なものではなく、その時代その時代に「すべての国の利益」に合致するよう変化させるべきものなのだ。

こう説明しても、彼の本意が十分に伝わるわけではない。だから、「こうした平和が存在したとしても、家族や国家の内部におけると同じく、依然として争いや利害の対立があるでしょう。世界の平和は、地域社会の平和と同じく、各人が隣人を愛することを要求するのではなく、ただ単に彼らが互いに寛容の心をもって共存し、その紛争を公正で平和的な方法に委ねることを要求するのです」と続けた。

人間は、おそらく、この地球上に誕生して以来、ずっと「争って」きた。「競って」きた。

家庭の中で親子、兄弟姉妹の間で口論があり、ときに肉体的な暴力があった。隣人との間で、また近隣社会の中で、言い争い、殴り合い、そして殺し合いがあった。それは国家というレベルでも同じで、一つの国のなかで争い、そして国家同士が争ってきた。だから、一応、真の平和の枠組みができても、人間同士が争わないわけではない、とケネディは達観していた。

宗教がこの争い合う人間社会から暴力や憎しみをなくそうとして生まれた。キリスト教の「汝自身を愛するように汝の隣人を愛せよ(9)」ということばこそ、ある意味で、人間社会の醜い現実を語ることばはないだろう。「隣の芝生」ではないが、隣人にこそ人は羨ましさを感じ、憎しみを感じるものだからである。

だが、我々は隣人を愛することはできなくても、単に「我慢する」ことはできるはずだ。ケネディはこれを「寛容の心」と呼んだが、相手に腹を立てるのではなく、相手を許す精神を我々は持っているはずである。だから、争いを起こさないためには、寛容が最も大切なのだと、彼は説いた。

だから、「歴史は、諸国家間の敵対関係も、個人の場合同様、永久に続くものではないことを教えてくれているのです。我々の好き嫌いが、どんなに固定したものに見えたとしても、時代と事態の潮流によって、しばしば国家間、隣人間に驚くべき変化がもたらされるものなのです」と、ケネディは続けた。人間関係と同じで、国家間の関係も、「昨日の敵は今日の友」になりうるのだと。ここに平和に向けてのささやかな希望がある。

「だから、たゆまず努力を続けようではありませんか。平和は必ずしも実現不可能なものではありません。戦争も必ずしも不可避ではないのです。目標をもっとはっきりさせることによって、それをもっと処理しやすい、身近なものに思わせることによって、我々はすべての人がそれを見、それから希望を得、それに向かって一切の障害を押しのけて力強く進むのを支援することができるのです」

平和を求めることを「狂信者」とか「夢想家」とかと言って茶化すのではなく、その実現にまずアメリカ人が信念をもって突き進んでいくことで、世界の人々に同じような考えを抱かせ、目標を持たせ、そして同じように努力させていくことができるはずだ。だから、まず、平和に対する自分たちの考え方を変えていこう。ケネディの渾身の提言だった。

ソ連に対する態度の再検討

続けて、ケネディは真の平和実現のための二つ目の条件として、「ソ連に対する我々の態度を再検討しようではありませんか」と呼びかけた。ケネディから数えて五人目の第四〇代アメリカ大統領ロナルド・レーガンがソ連を「悪の帝国」と呼び、またさらに第四三代大統領のジョージ・W・ブッシュ（息子）がイラク・イラン・北朝鮮を「悪の枢軸」と呼んだことを思えば、まだソ連は悪なる国家だと圧倒的多数のアメリカ国民が信じているときに、信じられない提言だった。

たしかに、寛容の精神がなければ平和はありえないとすれば、相手を悪と決めて嫌悪感を持ち続けることで平和は実現不可能な、遠い存在でしかなくなってしまう。したがって、自分たちの態度を検討するべきだというケネディの提言は、あながち的外れなものではない。それでも、ケネディが「ソ連＝悪」という一般論を無視しているわけではない。

「ソ連の宣伝家たちが絶えず書いている通りのことを、ソ連の指導者たちが実際に信じているかもしれないと思うと悲観せざるを得ません。軍事戦略に関する最近のソ連の教本を読んで、ページごとに『米帝国主義者は違った形態の戦争を始めようと準備している』とか、『米帝国主義者の政治目的は、欧州その他の資本主義諸国を経済的、政治的に隷属させ、侵略戦争によって、世界支配を達成するにある』と言ったような、全く根拠のない途方もない言いがかりが、いろいろと書かれているのを見ると悲観せざるを得ません。

まことに、古の書き物にもある通り、『悪者は誰にも追跡されないのに逃亡する』のです。それにしても、このようなソ連の言い分を読み、米ソ間の間隔がいかに大きいかを知ると、悲観せざるを得ません」

ケネディは「悲観せざるを得ません」を三度繰り返して、悪なるソ連の悪なる現実を、アメリカン大学の卒業生の前に示した。「根拠のない言いがかり」でアメリカを非難するソ連の指導者たちには、誰もが悲観していただろう。

だが、この直後、ケネディはこう言って、彼自身の寛大さを示したのだ。

「しかし、それは同時に警告であり、ソ連と同じような落とし穴に陥らぬよう、相手方の歪められた絶望的な見方だけを見ることのないよう、紛争を不可避と考えたり協調を不可能とみたり、コミュニケーションは形容詞や脅し文句の交換以上の何物でもないと思ったりすることがないよう、アメリカ人に警告してくれているのです」

まさに、「他人の振り見て、わが振り直せ」ではないが、ソ連の「根拠のない言いがかり」に向きになって反応すること、そして同じように「根拠のない言いがかり」でソ連を非難することがあってはならないとケネディは言ったのだ。

そして、当然のことだが、現実的にはかなり難しいことをアメリカ国民に求めた。「政府や社会組織がどんなに悪くても、その国民が道義に欠けていると考えてはなりません」と言ったのだ。

このことばはあまりにも正しい。だが、現実世界では国民同士の反応は異なっている。坊主憎ければ袈裟まで憎いではないが、相手国の指導者の考え方やその国の政治・社会の仕組みを「悪」と受け止めてしまうと、その国全体が、その国民すべてが悪なのだと思い込んでしまう、いや、思い込んでしまっているのが現実なのだ。これは人間が共通して持つ「性」なのかもしれないが、現実をただ仕方ない現実として受け止めていたのでは何も変わることはない。

ここからケネディは発想の転換を求めたのだ。

ソ連にも優れている点

「我々は、アメリカ国民として、共産主義は個人の自由と尊厳を否定するので、深く忌まわしいと思っています。それでもなお、我々は科学と宇宙開発、経済と工業の発展、文化や勇敢な行動の面などで、ソ連国民の上げた多くの業績を讃えることができるのです」

悪いところ（欠点）は悪いところとして、相手の良いところ（長所）をしっかりと見ようではないか。良いところを見極めようではないかという提言だ。アメリカが独占していたと思っていた核兵器の開発に戦後すぐに追いつき、宇宙（大気圏外）にアメリカに先んじて人間（ガガーリン中佐）を送り出して無事に地球に戻し、オリンピックをはじめ各競技の世界大会ではアメリカと競合する力を示し、バレーや音楽などの文化面ではすぐれた作品を世に問い――ソ連には優れたところがあるではないか。近隣諸国を力づくで我が物にしてしまったという事実は無視して、ケネディはソ連の優れた点を述べた。そして、さらに、こう言って、人々の目を開かせたのだ。

「米ソ両国民が共通に持つ幾多の特性のなかで、戦争に対する相互の嫌悪以上に、顕著なものはありません。大国間では珍しいことですが、米ソ両国は一度も互いに戦争したことがないのです。戦史上、ソ連国民が第二次大戦中に受けた苦難以上の苦難をなめた国民はかつてありませんでした。この大戦中、ソ連国民の少なくとも二千万人が生命を失ったのです。数百万戸の住宅や農場が焼かれたり略奪されたりしたのです。工業地帯の約三分の二を含むソ連全領土の三分の一が荒廃に帰したのですが、これは、我が国のシカゴ以東の全域が荒廃に帰したのに相当する損害だったのです」

日本の被害や日本人の苦難の方がずっと大きいのだ、と叫びたくもなる箇所だが、ここでのケネディの言葉は重くのしかかってくる。第二次世界大戦の間、自国本土に何も被害のなかった（日本が実質攻撃した「真珠湾」は、まだアメリカの「本土」ではなかった）アメリカ国民にとっては、他国の被害やそこに苦しむ人々のことなどは、実感として受け止めてはいなかっただろう。そこで、憎むべきソ連が受けた戦時被害の実態を指摘した。「我が国のシカゴ以東」は当然アメリカの東海岸、つまりニューヨークやボストンなどの工業の中心地、そして首都のワシントンＤＣからアパラチア山脈を越えて中西部と呼ばれる広大な地域を指す。まさにアメリカの歴史を築いた基盤であり、アメリカの現実の繁栄を支える重要な地域である。この比較は、アメリカ国民にはかなり衝撃的だっただろう。ソ連国民が受けた損害を実感できたはずだ。

こう感じさせることで、相手国ソ連に対する見方を変えさせようとしたのだ。ソ連の過酷すぎる過去、そしてそこから這い上がってきた現在――ソ連という国の持つ優れた能力に思いを馳せなければならない。相手が悪なる国家だと信じ込んでいれば、それは鬼退治ではないが、悪は退治して追放しなければならないとの結論を導き出す。そこには究極的に戦争しかないことになる。だが、もし相手国も素晴らしい国なのだと認識できれば、友好関係を持ちたい、維持したいという思いにつながるはずだ。もし少しでもこの方向に考えが変われば、当然、米ソ両国の将来に対する思いも変わるはずである。

その思いを胸にケネディはこう語った。

「今日もし全面戦争が再び起きるようなことがあれば――どのようにして起きようとも――米ソ両国が互いに主要目標になる。荒廃の危険に最もさらされるのは、世界最強の両国であるという事実は、皮肉ではあるが厳然たる事実なのです。我々がこれまでに築きあげてきたもの、我々が努力してきたすべてのものが破壊されてしまうのです。そして冷戦においてさえ――冷戦は、米国の最も親密な同盟国を含む多数の国に重荷と危険をもたらしているわけですが――最も重い荷を背負っているのは両国なのです。無知と貧困と病気を克服するために活用できるはずの巨額の金を、両国共に大量の兵器生産に投じているからです。両国共に、一方の側の疑惑が他の側の疑惑を生み、新兵器が対抗兵器を生み出す危険な悪循環に陥っているのです」

アメリカ国民の大多数は、たとえ米ソ戦争が起きても、いや直接の米ソ戦争でなくても、第二次世界大戦のような世界の大部分を巻き込むような戦争が起きても、アメリカは勝利し、滅びるのはソ連だと思っている時代だった。ケネディはそうではない、と断言する。アメリカも破壊されるのだ、とその危険性に言及した。と、同時に、現状の冷戦という状況に対しても、その無意味さを指摘した。前にも指摘したように、彼が就任演説で主張した大量破壊兵器を増産する愚かさをここでも指摘しているのだ。兵器に費やす金額を、人間生活のより大きな向上に使用するべきではないのか、というあの主張だ。相手を信頼せず、寛容の精神を持たないから、疑念が疑念を呼ぶ「悪循環」に陥るのだと言った。現状の愚かさを改めて嘆いたのだ。この悪循環を止めるためには、当然、次のように考える必要がある。

共通の利益――多様性が存在する世界

「要するに、アメリカとその同盟国およびソ連とその同盟国は共に、真の公正な平和の確立と軍拡競争の停止に、相互に大きな利益を持っているのです。この目的に対して合意できるなら、それはアメリカだけでなく、ソ連にも利益になるのであります。そして、どのような敵対国であったとしても、こうした条約義務、自国の利益になる条約義務だけは受諾し、順守することを期待してよいはずです。

だから、我々は両国の相違点に目をつむるべきではないのです。だが同時に、両国共通の利益と、これらの相違点を解消することのできる方策に注意を向けようではありませんか」

ここで述べていることに現実味があるかどうかは、ここでは問わないでおこう。だが、どの国であっても、どこの国民であっても、自分の国の利益になることであるならば受け入れるのは明白だ。個人のレベルでも、自分の得になることに反対する人はいないだろう。ケネディはこのある面では当たり前の事実に目を向けた。だから、個人と個人の関係で共通の利益があれば、つまりどちらの人にとっても利益であることを見つけることができれば、この個人対個人の関係は永続的に良好なものになるだろう。それと同じで、国同士の関係において国と国との間に共通する利益を見つけ出せば、両国の関係は長期間良好でありえるだろう。

そこで、ケネディはあえて言ったのだ。「両国共通の利益」に目を向けようと。両国の「相違点を解消する」方策に注意を向けようと。そうは言っても、やはりこれは容易なことではない。「それでも、これらの相違点を今すぐになくすことはできないでしょう。だが、少なくとも、多様性が安全に存在する世界をつくることはできるはずなのです。なぜならば、結局、最も基本的に我々を互いに結び付けているのは、我々がすべてこの惑星に住んでいるという事実なのです。我々はみな同じ空気を吸っているのです。我々はみな子孫の将来のことを考えているのです。そして、我々はみなどうせ死んでいくのです」

まさに名言である。演説のひとつの区切りとして、彼は実に大胆な提言をした。

人間の歴史が記録されるようになり、一つの世代から次の世代へと「記憶」が伝えられるようになって以来、当然のように国家は存在してきた。いつ、どうして、どのようにして国家が生まれたのかが分からないだけに、古代ギリシャの哲人たちはこの「国家とは何か」の問題に真剣に立ち向かっていたのだ。以来、この大きなテーマに明確な答えが出たとは言えないかもしれない。だが、今日、分かっているのは国家が人類の間に様々な相違を生んでいることだ。それぞれの国家に住む人々の広い意味での暮らし方を文化と呼ぶとすれば、世界は、そして人類はその文化ゆえに細分化され、差別化されさえしているのだ。

その相違する文化を統一することは不可能だろう。文化にはそれぞれ「そこに」生活する人々の自尊心や忠誠心が関わっているからだ。だが、それはそうだ、と認めてしまっては、そこにあるのは対立でしかない。人間は他者との相違があるために、優越感を持ったり、劣等意識を持ったりし、そのことが原因で争いが生じるものだからである。

しかし、人間は国家という異なった枠組みの中にしか生活できないのだとしてしまえば、その異なる国家をすべてが安全に存在し続けるという方策を考えだすことができるのではないか。ケネディはこう提言するのだ。「多様性が安全に存在する世界」と彼は言ったが、多くの異なった国家社会が、互いの存在を脅かすことなく、互いに安全を確認し合える世界を生み出すことができれば、究極的に戦争のない世界を築くことはできるはずなのだ。

この時、おそらくケネディの心の中には米ソ二つの国の在り方が浮かんでいたはずだ。アメリカ合衆国は一八世紀末に誕生したときから、「多様性の高い社会」の維持を目指してきた。国民を構成する人種も宗教も、それから世界中から移民してくる人たちの出身地の生活様式も、すべて守っていこうとした。その意味では世界の縮図となる国造りをしたことになるが、同時に彼らは多様性こそが個々人の自由と権利を守る民主主義の原点なのだと考えていた。だから、ケネディはアメリカをひとつのモデルとして考えていたはずだ。もちろん、彼の時代のアメリカ国内ではまだ黒人たちが平然と差別されていた時代であり、国家創設時の理想が達成されていたわけではなかったけれど、それでも高い多様性の存在はアメリカの重要な特徴だった。

同時に、ソ連もご多分に漏れず、多様性の高い国家だった。当然、共産党独裁という政治体制にあったから、個々人のレベルでアメリカ国民（白人）が享受していたような自由と人権が認められていたわけではない。だが、ソ連は連邦国家として（自発的にか、あるいは強制的にか、は問わないが）多くの異質の国家の集合体だった。その意味では、ソ連崩壊後の「ロシア」にはアジア系をはじめ、多くの異民族が「ロシア国民」として暮らしている現実があることに注目するべきだろう。ケネディは冷戦構造で相対するアメリカ・ソ連の両国が「多様性の高い国家」として、それなりに存在し続けている事実に、何がしかの希望を見出していたのだろう。

互いが異なっていることを認識しながらも、それでもひとつのアメリカ、ひとつのソ連邦として存在することが可能なら、その相違している事実以上に強烈な共通項目を見つけることができるなら、アメリカ・ソ連などという国家の枠組みを超えて「ひとつ」になることは可能なのではないか。ケネディがたどり着いた驚くべき、また賞賛するべき結論だ。

国家という枠組みでものごとを考えるとき、人はどうしても「相違」「異質」という点を意識する。それを意識することで、必然的に「対立」を、そして「競争」を意識し、最終的にはその異質なものを「抹殺」することさえ考えてしまう。真の平和を考えるならば、当然、国家の枠組みを無視した考え方をしなければならない。

国益を超えて

今日の世界を考える場合にも、我々はごく当たり前に「国益」という基準を利用する。ある政策や方策が国益にかなっているかどうかを、世界を考えるときの基準にしてしまっている。しかし、思えば、この国益こそ、国家優先の、国家最重視の結果として生じてくる概念なのだ。国益を重視すれば、そこには対立と競争しかが生まれなくなる。平和や安全は危うくなる。

では、国家の枠組みを外したら、いったい何を基準とするべきなのか。

ケネディはこう言ったのだ。「最も基本的に我々を互いに結び付けているのは、我々がすべてこの惑星に住んでいるという事実なのです。我々はみな同じ空気を吸っているのです。我々はみな子孫の将来のことを考えているのです。そして、我々はみなどうせ死んでいくのです」

そう、異なる国に住み、異なる考え方をする人々を結び付けるもの（原文では「絆」が使われている）は、彼が言うたったひとつの単純な事実なのだ。我々はみな地球という小さな惑星に住み、同じ空気を吸って生きている。そして日々の生活の中で、つまりそれぞれの人生の中で最も強く望んでいるのは、自分の日々の生活が安全で安定したものであることであり、自分の子供たちの無事であり、少し年齢を重ねてからは自分の孫の安全で安定した生活なのである。この単純な事実は余りにも単純であるだけに、政治家や国家・社会の指導者たちが口にすることはなかった。

いや、この事実を重視すればするだけ、最も重要なのは「人間」となり、「国家」ではなくなってしまう。国家がその重要な地位を失うとすれば、国家を動かしていると自負する政治家や指導者たちには、自分たちの存在意義さえ失うことを意味しているのだ。

だが、いまこそ我々はこの事実にもっと目を向けるべきではないか。ケネディがアメリカン大学の卒業生に言ったように、無知ゆえに持ってしまった先入観を捨てるべきではないのか。国家を重視することは、異質・対立を意味する。だが、同じ小さな人間を重視することは互いが同じ条件で結ばれていること、そして「同じであること」、つまり「同質性」を意味することになるのだ。

異質だからこその対立であるとすれば、同質であることは同調を意味するはずである。小さな地球に住み、同じ空気を吸う人間同士なのだと意識すれば、そこから対立や競争はなくなるはずだ。共に生きる、という意識が強く芽生えるはずだ。

このことは重要である。もし「共に生きる」「同じ人間だ」と意識することができれば、人種や民族や信仰や政治・社会的思想など、すべてを超えて安全で、争いのない社会を当然のものとする意識が生じるはずなのだ。つまり、ケネディが言った「真の平和」が実現可能なのだ。

しかも、最後の「そして、我々はみなどうせ死んでいくのです」のひと言には特に注目しないわけにいかない。東洋思想の影響を見て取れるからだ。

原文では、ケネディはこう言った。“And we are all mortal.” mortal という単語は辞書的には

「（1）死ぬべき運命の　必滅の　（2）人間の　人生の」が、他にもある意味の中で最も重要なものだ。したがって、この演説を和訳したもののなかには、「そして、我々はみな同じ人間なのだ」とするものが多くある。「どうせ死んでいくのだ」と「同じ人間なのだ」のどちらも誤訳ではない。どちらも間違いではない。

ただ、ここでは「どうせ死んでいくのだ」と辞書にある（1）の意味で解釈したいと思う。「同じ人間」とすると、ただ動物的に生きている人間となり、mortal（モータル）が包含する暗いイメージはない。運命として死がある、という本来の意味を考えると、「同じ人間」という訳語がどこか物足りない感じがしてしまうのは、私だけではないだろう。

「死ぬべき運命にある」ということは、どんな人生を送っても最終的に人間を待っているのは死だ、という意味を包含する。死が何も残らない、を意味しているとすれば、禅で言う「無」になるだろう。どれほどの富を蓄積しても、どれほどの地位についていたとしても、所詮、人間は死ぬだけなのだ、だからすべては「無」なのだ、ということさえ意味することになる。

ケネディが禅を知っていたという証拠はない。だが、尊敬する日本人は誰？　と聞かれたときに「上杉鷹山」（1751〜1822）という、当時の日本人にさえ馴染みのない人物を挙げたということから判断すると、幼少の頃から病弱故に親しんでいたという彼の膨大な読書量のなかに、東洋思想に関するものがあったと想定しても決して的外れではないだろう。

彼自身の人生は幼少のころから大統領になる直前まで、入退院の繰り返しだった。高校時代の一九三四年の夏休みに入院した折に、親友のレム・ビリングズに宛てた手紙には、「俺の腹は機能するのを完全にやめたみたいだ」（六月一九日）、「チキショウ、俺の腸は何か変だ。小便が血だらけだ……三日間で一八回の浣腸だ」（七月四日）などと記されていた。一八〇センチも身長があったのに、体重は五〇キロやっと。若いのに「死」を意識せざるをえない青春時代だった。[10]

　しかも、上院議員になり、結婚もした後の入院では、二度も病床に神父が呼ばれ、「終油の儀式」（カトリック教会における危篤者に施す恵みの儀式）が施されていた。まさに「死に損なった男」だった。

　病床では本を読むのが日常だったと多くの人々が証言している。[11]歴史を中心とした書物を好んだということだが、その中におそらくは禅に関するものがあったはずだ。戦前からDaisetz Suzuki（鈴木大拙：１８７０～１９６６）の英文の著作が次々に出版され、大学の教科書にさえなっていたのだから、[12]この時代の「知識人」の一人だったケネディが、このうちの一冊ぐらいは読んでいたとしても不思議ではない。

　いずれにしろ、必ず死ぬのが人間で、死は無なのだとすれば、そしてその上でこの最後の言葉を想定してこの文を読むと、ケネディのさらに深い思いが伝わってくる。

　人間はどのような人生を歩もうが、そしてその人生のためにどのような努力をしようが、どうせ死んでしまうのだよ。すべてが無、まさに「無一物」なのだよ。だったら、権力を求めたり、必要以上の富を求めたり、地位を求めたり、財産を求めたりすることなんか、たいして意味のあることではない。ましてや自国の領土を広げようと考えたり、他の地域に住む人々を征服しようと考えたりすることなど、まったく意味がないことなのだ。ケネディはこう告げていたのだ。

何もないただの人間として、自分の日々の安定した生活を求め、子供たちの安全を祈り、そしてまたその子供たち（孫たち）の平穏無事な生活を願いながら、この小さな星にささやかに生きているのが我々なのだ。「ただの人間」として、つまり富や地位や権力にまったく関係なく一人の人間として生きている――これこそが地球上のすべての人々、もちろん国という枠組みを超えたすべての人々を一つに結び付けるもの、つまり実際に彼が「絆」と呼んだものなのだ。

最初に自分自身を見つめ直し、心の中にある偏見や先入観を捨て、現実を見つめて他者の短所ではなく長所を評価し直そうと呼びかけ、そしてその純粋な心で、こんどは国家への意識ではなく、すべて皆が同じ人間、それもただ日々まじめに生きる努力をしているだけの人間、そう「自分」と同じ人間なのだと意識することを呼びかけたのだった。

冷戦への態度の再検討

そして平和に向けての三番目の条件を語り出した。

「第三に、冷戦に対する我々の態度を再検討しようではありませんか。その際、我々はディベート競技に参加して、得点をかせごうとしているのではないことを思い出さなければなりません。相手をただ非難したり、相手を勝手に判断したりしているのではないのです。我々は現実のあるがままの世界に対応しなければならないのです。この一八年間の歴史が違っていたら、こうなっていただろうという世界に対応するのではありません」

理想的な変化を聴衆である卒業生たちに語ったケネディは、最後に現実の世の中に対する自分たちの態度をもう一度見直すことを提案した。再検討で留意しなければならないことは、単にディベートに参加しているのではないことだと告げた。ディベートとはあるテーマに対して賛成する側と反対する側とに分かれて討論し、その討論内容、問題提起の仕方、資料の使い方などでジャッジと呼ばれる審査員が採点して、勝敗を決める競技のことだ。肉体的な競技ではなく、知的な競技と言える。相手の主張を論破すること、自分たちの主張がいかに正当かを審査員に訴えるのが、この競技の最大特徴になる。

冷戦で米ソどちらが正しいのかを主張し合うのは、この競技に似ている。これまではアメリカ国民はアメリカが正しいと主張し、ソ連の国民はソ連が正しいと主張してきた。その主張のどちらがよりよい得点を得るのかを、審判員である同盟国や非同盟国の国民に委ねてきた。ケネディは、そういう状況が間違っているというのだ。正邪を競うのではなく、現実をそのままの姿で見つめるところから、始めなければならないというのだ。現実が重要であるからこそ、あの時ああなっていたらという仮定の話は必要ないと言った。

現実をしっかりと見つめる――それだけが重要なのだ。過去や未来を仮定するのは意味がない。彼は明確に述べている。

「それゆえ、我々は共産圏内部に建設的な変化が起きて、現在は手が届かないように見える解決が、手の届くものになることを希望しつつ、忍耐強く平和の探求に努めなければならないのです。我々は、共産主義者が本当の平和について合意することが、彼らの利益になるように行動しなければならないのです。とりわけ、我々核保有国は、我々自身の重要な権益を守りながらも、相手国に対して屈辱的な撤退か核戦争かの選択を迫るような対決は避けなければなりません。核の時代にこのような方策を取ることは、我々の政策の完全な破綻を示し、全世界の集団的な死を願うことを示すだけにしか過ぎないのです」

現実の冷戦状態は米ソという核兵器をほぼ独占的な状態で保有する二大大国が対立している構造であることは明らかである。対立が激しいだけに、どちらの側も最終的には戦って勝利するしかないと考えているのが現状だった。だが、その現状は、その戦いの結果として得られる平和が、ただ単にアメリカの考える平和かソ連が考える平和か、という観点での平和にすぎない。したがって、ケネディはここで改めて「本当の平和」に触れる。「地上の生活を、どこの国ということではなく、いつの時代ということでもなく、全人類のために、生き甲斐のあるものにする永遠の平和」と彼自身が定義した平和だ。

米ソ共にこの点で合意できれば、両者共に屈辱的な撤退（戦わずしての敗北）か核戦争かという究極的な選択に迫られることはないはずだ。共に生存すること、つまり「共栄共存」は可能な選択になるのだ。ケネディが理想とした「多様性」を守り合う世界の実現に向かっていくことが可能なのだ。

しかし、互いが持つ核兵器に相手国が何らかの疑念を抱いたとしたら、このような世界は決して現れることはない。だから、憲法上「全軍の最高司令官」として核兵器使用の最終決断をする権限を持つアメリカ大統領として、ケネディはアメリカの核兵器についてこう語る。

「以上の目的を果たすために、アメリカの兵器は挑発的なものではなく、慎重に制御され、相手の攻撃意思を弱め、選択的に使用できるものなのです。我が軍は平和を守ることが目的であり、そのために自制するよう訓練されているのです。我が国の外交官は不必要な刺激を避け、単なる口先だけの敵意表明を避けるよう命じられているのです」

先にケネディは、「我々は、共産主義者が本当の平和について合意することが、彼らの利益になるように行動しなければなりません」と言っていた。ここで彼は改めてこの点を強調した。アメリカの軍隊も外交官もソ連に対して、あるいはいかなる国に対しても、敵対していこうと考え、行動しているわけではない。むしろ、互いが友好的に存在し続けることを可能にするために行動するよう訓練され、命令を受けているのだ、と彼はアメリカの立場を明白にした。自分たちは自ら戦争をしかけることはしない、と断言しているのだ。

「我々は防衛態勢を緩めることなく、緊張の緩和は求めることができるのです。そして、我々としては、自分たちの断固たる決意を証明するために脅しを用いる必要などないのです。我々は自分たちの信念が侵されることを恐れて、海外からの放送を妨害する必要もないのです。我々は自分たちの制度を、これを望まない人々に押し付けるようなことはしません。しかし、我々は地球上の、他の人々と平和的な競争であるなら喜んで参加するし、そうすることができるのです」

防衛態勢は緩めない。アメリカの大統領としては国民に軍事的な不安を抱かせてはならない。いくら平和を語る場であったとしても、予想外の攻撃から国を守ることを疎かにするわけにはいかない。だが、防衛上十分な軍事力を保持したとしても、緊張の緩和、つまり相手国との友好関係を樹立し維持していくことはできるはずだ。

ケネディは就任演説で、「我々の武器が疑いもないほど十分であるときにのみ、我々はそれらが使われることがないと疑うことがないほど確信することができるのだ」と語った。大国アメリカの大統領として、アメリカが無暗に武器を使わなければ、つまり先制攻撃をしないかぎり、平和は存在しえるし、そのためにはアメリカの武器は「誰も疑うことのできないほど、十分」でなければならないのだと言っていた。

ここでも同様のことを言う。防衛のための十分な武器を保持する。だからと言って、その軍事力を背景として、相手国を脅す必要もないし、アメリカの政策を非難する海外からの（ラジオ）放送を妨害する必要もないし、逆にアメリカの制度や思想を、これを望まない人々に強制する必要もない。

ケネディのこのことばの裏には、合衆国憲法とこれに表現されている建国の精神とに対する絶対的な自信がある。アメリカ国民も同じようにこれらに対して絶対的な信頼と信念とを持っていると信じているのだ。自分たちの自由と権利、これは誰にも譲らない、という決意を表明しているのだ。それほど自分たちが誇る制度や生活であったとしても、それを共有することを潔しとしない人々に、無理強いすることはない。ケネディがアメリカ国民に改めてこのように考えるよう求めたのだ。

冷戦はたしかに米ソという異なる思想、異なる制度から成り立つ二つの国の対立である。ソ連は現実には、「プロレタリアート独裁」の国を理想とし、そしてそれを実現するために「共産党一党独裁」の制度を優れたものとし、これを全世界に広げるべきだと考えていた。

そのために、様々なかたちでアメリカに対抗していた。ケネディはこの状況のなかで、アメリカ国民が抱く自国に対する誇りを取り上げていた。アメリカはこんなソ連とは違うのだ、と。ただ、アメリカは平和的な競争（たとえば、経済、文化などの分野での競争）であるなら、これは喜んで受け入れると言い、彼が言う平和の世界では非暴力の競争であるなら、互いを高めるために、言い換えれば、よりよい生活を築き上げていくために競争はするのだと決意していたのだ。

それがあのアポロ計画だった。「我々は一〇年以内に月に人を着陸させ、無事に地球に帰還させる」という発言だった。宇宙開発ではソ連に大きく遅れていたのに、一〇年という期限を区切って「ソ連を追い抜く」と宣言したのだ。彼が望む競争はこうした形のものだったのだ。決して戦争を想定して軍拡を競うものではなかった。

現実を見つめるとき、米ソ両国の対立という側面と戦後大きな期待を込めて設立された国連というもう一つの現実がある。戦争が起きない世界の構築を目指して設立された機関だからこそ、現実の問題を有効に対処することが期待されていた。

「また一方では、我々は国連を強化すること、その財政上の問題を解決すること、それをより効果的な平和の手段とすること、それを真の世界安全保障機関とすることに腐心しなければなりません――つまり、国連を法に基づいて紛争を解決できる組織に、大国と小国の両方に安全を保障する機関に、そして兵器が最終的に廃止される環境を生み出す機関にしなければならないのです」

就任演説で「我々の最後で、最高の希望」と呼んだ国連にかなり具体的な役割を期待していることを表明した。朝鮮戦争のとき、スエズ紛争のとき、ハンガリー動乱のときと国連が期待されていた役割を果たせたかというと、残念ながらそうはならなかった。安全保障理事会の常任理事国に与えられた「拒否権」によって、十分に効果的な役割を果たせなかった、いや現在でも果たせていないことは明白だった。国際紛争の調停機関として、また世界平和を維持するための唯一の公的な国際機関として、国連に大きな役割が期待されていたことは事実だった。米ソ二大勢力が常任理事国の一角を構成する以上、国連がこれまで以上の役割を果たすのは事実上不可能に近いはずだった。だが、その二大常任理事国が現在以上に互いを理解し、先に指摘したように国家の枠組みを超えて互いに平和について交渉し合えるようになれば、そして軍事力ではなく国際法・国際的取り決め（協定）に従うことを最優先するようになれば、国連の監視のもとで紛争を解決し、また兵器の管理・削減に向けての行動を取ることができるようになるはずなのだ。まさに、国連は「最後で、最高の希望」になるのだ。

現実を見つめる行為の最後として、ケネディは非共産主義国家について言及する。つまり、共産党という強力な政党が独裁的に支配していない国々についてだ。

「同時に、非共産主義国家内部の平和維持に努めなければなりません。そのすべてが我々の友好国である彼らの多くが、様々な問題をめぐって分裂状態にあります。そのことが西側の結束を弱め、共産主義の介入を招き、戦争を誘発しかねないのです。ウェスト・ニューギニア、コンゴ、中東、そしてインドシナ半島における我々の努力は、双方の側からの批判にもかかわらず、変わることなく、根気よく続けられてきました。メキシコやカナダという我々にとって最も親しい隣人たちとの、ささいな、だが重要な意見の相違を調整する努力をすることで、その他の国々に対してなんらかの模範を示そうとしてきたのです」

ケネディが指摘するように、アメリカの友好国、つまり西側諸国にはそれなりの問題があった。それは基本的に民主主義の確立を目指す途上にある国々にとって、自由を守ろうとするが故に陥る現実だった。自由は考え方の相違を生み、意見の相違を生む。それ故に論争が起き、しばしば紛争にまで発展してしまう。自由を維持しながら、いかに平和的手段で相違の解消を図るのかは、民主主義国家であるなら、その新旧にかかわらず重大な問題である。

現実にはアメリカ国内でさえ、当時まだ黒人差別撤廃をめぐる対立があり、流血騒ぎが頻発し、死者も出ている状況だった。白人対黒人の対立、そして南北戦争さえ解決できなかった南部対北部という対立、またケネディの所属政党である民主党内でさえこの問題で対決しているという現実があった。

隣国のカナダとメキシコでも同様だった。[13] しかし、アメリカ合衆国としては、ケネディ政権としては、こうした対立を話し合いでの調停に持ち込まなければならない。その意味では、ケネディはアメリカ南部の支配層が自由と権利を求めてデモ行進をする黒人たちに対して、圧倒的な警察力でこれを排除することに努める現状を嫌悪し、何とか理性的に解決しようと努めていたのだ。

そのような自国内の現状をふまえて、とにかく意見の対立は話し合いによって、調停によって、力の行使に頼らずに解消しなければならない。ケネディとしては、こうした解決の事実を身近なところから積み上げていくことで、世界の友好国に対立を解決する道を示そうとしたのだ。その成果のひとつはラオスの中立化だった。

アメリカン大学の卒業生に向けて本当の平和を語るなかで、非共産主義国について語った。だが、この多くはアメリカと何らかの友好関係にあった。そこで、ケネディは最後にこの点を語り出すのだ。

自立の権利――人間として

「他国について語るとき、私は次の点を明らかにしておきたいと思います。我々は同盟によって多数の国々と結ばれています。この同盟は我々の利害とそれらの国々の持つ利害とが基本的に重なり合っているからです。例えば、西欧と西ベルリンを守るという我々の決意は決して弱まることはありませんが、それは我々の利害関係が一致しているからなのです。アメリカ合衆国は他の国々やその国民たちを犠牲にして、ソ連と取引をすることはありません。単に彼らが我々のパートナーだからではなく、彼らの利害と我々の利害がひとつだからなのです」

ケネディはこれからの世界では国家の枠組みの中でものを考えてはならないと言った。国益とか国の利害関係とかは、得てして、紛争の種になり、戦争の元凶となるからだ。だが、将来ではなく、現状の世界を見るとき、これまでの世界の在り方を見るとき、利害関係を無視することは不可能であることも事実だ。戦後の冷戦構造のなかでは国益こそが最も重要な要素であり、国益を理解してこそ西側陣営が生まれ、東側陣営が生まれたのだった。だから、現状を分析するケネディにとっては西ベルリンを守るのは、西ベルリン市民にとってだけでなく、アメリカにとっても利益なのだと言った。利害がひとつだからこそ、アメリカは同盟国を守るし、一度守ると約束した国や地域やその国民や住民は守り切るのだと言う。

だが、これはやはりケネディの本心ではない。

「しかし、我々の利害が一致するのは、ただ自由の辺境を防衛するという点にあるだけでなく、平和への道を探求する点にでもあるのです。我々が願うのは、そして同盟を結ぶ政策の目的は、まさにソ連に対して、その同盟国に自国の将来を選択させるということです、もちろん、その選択が他国の選択の干渉とならないかぎりにおいて、選択させることを認めさせることなのです。自分たちの政治・経済体制を他の国に押し付けようとする共産主義者の動きこそが、今日の世界の緊張の主な原因なのです。なぜなら、他国の自決（の権利）に干渉することをすべての国々が止めるなら、平和がずっと確かなものになることは疑いないからなのです」

ここでケネディは彼の本心を語り、演説の内容を本来の道に戻した。すべての国と国民には自分たちの将来を自分たちで選択し、決定する権利がある。いかなる理由であろうと、この権利に干渉し、妨害することは紛争や戦争の原因となるのだ。平和の道を選ぶなら、いかなる国も他のすべての国が持つこの「自決＝self-determination」の権利を尊重しなければならない。こう彼は主張する。そう、他をひとつの尊厳ある存在と認めれば、誰もがすべてを「人間」として、同じ人間として受け入れられるはずなのだ。

アメリカはそうしようと努めてきた。ソ連の現状は違う。とすれば、あとはソ連の側がアメリカと同じように他国民の自決の権利を認める必要があるだけだ。共産主義国家としての自国の在り方を守ろうとすれば、そこには対立と戦争しか残らないことになる。共産主義国家は自分たちだけでよいと理解することで、他国の選択権に干渉したり、これを妨害したりしなければ、世界平和は案外と容易に実現するのだ。

彼の首尾一貫した考えがここにある。相手の存在を認め、相手のあるがままを認め、その上で対話をする。もちろん、対話によってより深い相互理解が生まれるために。

「そのためには、世界法（world law）を作り上げる新しい努力が必要になります。その世界法とは世界規模の討議のための新しい環境のことです。当然、ソ連と我々との間でもっと理解し合う必要があります。よりよい理解のためには互いが接触し、意見を交換する機会を増やす必要があるのです。この方向に向けての第一歩こそモスクワとワシントンの間の直通回線の設置の提案なのです。これによって、どちらの側にあっても、相手に対する危険なほどの対応の遅れや誤解や相手の行動を読み違えるということを避けることができるのです。こうしたことは危機の時にあってよく起きるものだからです」

ケネディは手前味噌かもしれないが、ホワイトハウスとクレムリンの間に設置されることになった直通回線（「ホット・ライン」と一般に言われている）の設置は、互いの誤解を防ぎ、互いの行動を読み違える危険を避けることに、つまりは大きな危険を避ける意味があると自賛した。

前年一九六二年一〇月中旬に米ソは一触即発の対決を経験した。キューバ上空を飛んだアメリカの偵察飛行機が、キューバ国内に建設中のソ連のミサイル基地の存在を確認したからだ。歴史に「キューバ・ミサイル危機」として残ることになった事件だった。マイケル・ドブス（Michael

Dobbs)の*One Minute to Midnight*がのちに描いたように[14]、「真夜中」、つまり全面核戦争までわずか一分という緊迫した事態にまで追い込まれた出来事だ。

最終的にソ連がミサイルをキューバから完全撤廃させることに合意し、この緊迫状況を何とか脱出したあとで、米ソ首脳が相手を誤解したり、相手の行動を読み違えたりして、予期しないところで核のボタンが押されてしまうことを避けるために、直接話し合える手段として直通回線の設置を決めたのだった。

この直接会話の機会が持たれることになったことを、米ソ首脳は新しい世界の構築に向けての大きな一歩と捉えたのだ。

実は、当時、ケネディ大統領とソ連のフルシチョフとの間にはかなり頻繁に私信のやり取りがあった。現在明らかになっているところでは一三〇通を超える書簡が二人の間で交換されていたのだ。ケネディの大統領就任を祝うフルシチョフの最初の手紙から、やり取りをしているうちに、二人の間に友情が芽生え、互いの理解を深めていたことが分かる[15]。

キューバでのミサイル危機を最終的に解決に導いたのも、この書簡の交換を通して互いが「戦争には絶対に反対」していることを理解し合っていたという事実だった。また、危機のさなかにケネディからフルシチョフに送られた手紙とそれへのフルシチョフの返信とが、問題解決に大きな役割を果たしていたことも確かだった。

だから直接回線の必要性は余り高くないように思われるが、それでもやはり直接対話が書簡以上に互いの理解を早め、深めることは間違いない。これが一つのモデルとして、各国の間で同じような設備が設けられれば、ケネディが言う「世界法」が生まれる可能性はかなり高まることになるだろう。

平和への動き——核軍縮に向けて

ここまで述べたケネディは最後に現実に起きている平和への動きを明らかにした。

「我々はこの他にもジュネーブで、激化する軍拡競争を制御し、偶発的な戦争の危険を減らすことを目的とした最初の軍備管理の措置について話し合ってきました。しかし、ジュネーブにおける我々の長期的な関心は全面完全軍縮なのです——それは、武器に代わる新しい平和の手段を打ち立てるために、政治的な進展と平行して段階的に実施されるよう計画中なのです」

自分の世界平和構築への努力は、必然的に軍縮を意味し、最終的には「全面完全軍縮」なのだとケネディは言った。彼の壮大な夢だった。だが、当然、軍縮がこれまで成功したことはない。第一次世界大戦後、ウィルソン大統領の肝いりで実施されたワシントン会議での軍縮条約も何も効果を示さないまま、次の世界大戦へとつながってしまっていた。

「軍縮は」とケネディは続けた。「一九二〇年代以降、我が国の政府が努力して追求してきたものです。これまで三代の政府は熱心にこれを求めてきました。そして、今日、見通しはいかにかすかなものであろうと、この努力を続ける覚悟なのであります。我々自身を含め、すべての国が軍縮の問題とその可能性が実際にどのようなものなのかをよりよく理解できるよう努力を続けていく所存なのであります」

これまで三代の政府とは、フランクリン・ローズヴェルト、ハリー・トルーマン、そしてドワイト・アイゼンハワー各大統領のことだ。軍縮の話し合いが極度に困難なことは十分に承知していた。だが、近代のアメリカの大統領たちが、それでもそのための交渉を試みてきている以上、自分もその伝統を維持し、さらに前の政権以上に力を入れ、世界各国にこれが不可能ではないのだと理解してもらうことで、実現の可能性は一層高まることになるとの認識を明らかにしたのだ。だが、もちろん、ケネディが直面する軍縮は過去の軍縮以上に困難で複雑だった。それは核兵器の数の縮小・削減を意味していたからだ。

核軍縮を主張するのは時代背景を考えれば当然だろう。武器を制限する、廃棄するという主張は当然、最大脅威の武器である核兵器の撤廃という主張につながる。これは二〇一〇年のプラハでの、そして二〇一五年の広島でのオバマ大統領の主張にも重なる。

何十年経っても少しも進展しない核軍縮には諦めムードが漂っているかもしれない。核拡散防止条約があるにもかかわらず、核保有国は増えているし、まだ増えるかもしれない。だが、ケネディ流に考えれば、諦めたら終わりなのである。不断の努力を続けなければならないし、続ける価値はあるのだ。

ケネディの主張のなかで注目しなければならないのは、「この条約は核保有国を……核兵器のさらなる拡散と効率的に対処する立場に置くことになります」という彼の主張だ。二一世紀も三旬目に入ろうという今年（二〇一八年）、トランプ大統領が北朝鮮の核兵器廃絶に向けて強硬な圧力をかけ、そして最終的には米朝会談の開催に漕ぎつけた。これはこれで世界の安全、とくにアジアの安全には多大な寄与をしたとしなければならないのだろうが、トランプは北朝鮮の核兵器だけを問題にした。

本当に核兵器の禁止、制限、廃棄を望むのであるならば、本来は核保有国すべての問題としてこれを捉えなければならないはずなのだ。北朝鮮一国の核を問題にしたところで、アジアには中国の核、インドの核が残るのである。ケネディは保有国の覚悟を訴えていた。いかなる誘惑にも負けることなく、核兵器の廃棄に向けての不断の努力はアメリカを筆頭とする核保有国の義務だと宣言したのだ。暗殺の凶弾に倒れてしまったために、その成果を見ることはできなかったが、こうした呼びかけをする勇気を持った政治家がケネディだったのであり、だからこそ彼はやはり偉大だったのだ。

核保有国が不断の努力をする。そのためにはもう一つの核保有超大国であるソ連の賛同は欠かすことができない。だから、次にケネディは、本来の聴き手であるアメリカン大学の卒業生を無視して、世界に向けて重大な発表をすることになる。

重大な決定――衝撃的発表

「そこで、この機会を利用して」と前置きしたケネディは、「二つの重要な決定を発表します」と宣言した。

「第一に、フルシチョフ・ソ連首相とマクミラン英国首相と私とは、包括的な核実験禁止条約を早期に締結するために、近くモスクワで政府高官による会議を開くことで合意しました。我々は歴史が用心するよう呼び掛けている以上、これに対する過大な期待は避ける必要があるのですが、それでも我々の期待は、全人類の期待でもあるのです」

これは衝撃的な発表だった。ケネディが核兵器に批判的な立場を取っていたことは、これを国連の管理下に置くという就任演説での発言以来、明らかなことだった。一九六〇年の大統領選挙では、核開発におけるソ連の優位を見過ごしたとしてアイゼンハワー大統領を非難して、むしろ対ソ強硬派の印象を与えていたのがケネディだった。だが、選挙に勝利し、大統領になると一転して核兵器の廃棄を求める発言をしていたのだ。

実際には、米ソ両国は核実験が環境破壊につながることを理解して、一九五八年に自発的に実験を停止していた。しかも、米ソ両首脳が直接会談することがまとまり、米ソの緊張関係が緩んだことがあった。「雪解け」として歓迎されたこの会談は、その直前に、アメリカの偵察機がシベリア上空で撃ち落とされたことで、中止になっていた。当然、米ソは再び緊張関係に逆戻りしていた。

ケネディ政権になって改めて米ソ首脳会談がまとまり、一九六一年六月三日にウィーンでケネディとフルシチョフが会うことになった。この会談で核実験を公式に禁止することを提案したケネディに対して、フルシチョフはソ連が最初に実験を再開することはないと宣言して、公式な禁止を取り決める必要などないと断言していた。

だが、この年の九月一日、ソ連はこの約束を破り核実験を再開したのだった。これに対抗して、アメリカも再開せざるをえなくなり、翌六二年の四月から九月にかけて四〇回に及ぶ実験を強行した。

キューバのミサイル危機の後、核戦争の脅威を十分に感じた結果だろうが、ケネディとフルシチョフは対決姿勢を和らげ、核実験を制限する話し合いをそれぞれの政府代表者たちによって始めさせていた。極秘の会談は六三年一月一四日にニューヨークで始まり、二二日からはイギリスも参加していた。だが、それは一月末には物別れに終わっていた。

この流れのなかで、ケネディがアメリカン大学の卒業生を前に、「包括的な核実験禁止条約」の締結が間近なのだと言ったのだ。実に画期的な発表だった。その時でもまだ、大多数の国民は核兵器や核実験に関して、これを国際管理したり、制限したりする合意がなされることなどないと確信していたからだ。

この発表から約一月後の七月二五日、米英ソ三カ国の代表は地上、宇宙空間、そして海底での核実験を禁止する条約に合意したのだ。地下核実験は除外されたが、核廃絶に向けての第一歩であることは間違いなかった。七月一四日からモスクワで始まった秘密会議の結果だった。

翌日の七月二六日、ケネディは全国向けのテレビで、国民にこの事実を伝えた。「昨日、一条の明かりが暗闇を照らしました」の言葉で始めたこの演説で、核実験禁止条約が締結されたことを告げ、平和への第一歩であることを宣言した。だが、それでも、ケネディはこの条約が戦争を地球上から即なくすものだと考えてはならないと警告した。それでも彼はこのテレビ演説を次のように締めくくったのだ。

「可能であるなら、戦争の影から身を引いて、平和への方策を探ろうではありませんか。そして、もしその方策の旅路が一〇〇〇マイル、あるいはそれ以上あるとしても、我々はこの国で、今この時に、その第一歩を踏み出したと歴史に刻ませようではありませんか[16]」。まさに千里の道も一歩からだ。

アメリカン大学での演説で予告したとおり、いやその予告よりもおそらくは早い時期に核実験禁止は合意され、条約として成立したのだ。もちろん、この取り決めは「部分的」のことばが示すように、地下核実験だけは、環境や人間生活への影響がほとんどないと判断されたために除外扱いとした。残念ながらすべての核実験が禁止されたわけではなかった。

そのために、今日でも北朝鮮などでの地下核実験が継続されることになってしまったのは皮肉だった。だが、アイゼンハワーから政権を受け継いだときには、地球上の誰もが「ありえない」と思っていた成果だった。小さな、小さな一歩だったかもしれないが、「戦争は二度としてはならない」という終戦直後にベルリンで感じたことを守り通していたケネディの、ひとつの大きな業績だった。

「第二に」と彼は続けた。「この件に関する我々の誠意と厳粛な信念とを明らかにするために、私は他国がしないかぎり、大気圏内での核実験はしないことをここに宣言します。我々は実験を再開する最初の国にはなりません。この宣言は、拘束力のある正式な条約に代わるものではありません。だが、その実現の一助となることを私は強く望んでいるのです」

ここに平和実現、少なくとも冷戦の終焉にむけるケネディの決意と意欲とが明確に公言されたのだ。自分はこの条約を必ず守る——だから、他の国の指導者たちも必ず守ってほしい。条約の実現の一助ということばには、彼のはかない望みかもしれないが、実現を願う気持ちの強さが表現されている。

「我が同胞のアメリカ国民の皆さん。最後に国内の平和と自由に対する我々の態度を再検討してみましょう。我々の社会の質と精神は、海外での我々の努力を正当化し、支援するようなものでなければなりません。我々は自分たちの生活を捧げることで、これを示さなければならないのであります。本日卒業される諸君の多くは、このことを実践するユニークな機会を持っているのです。それは海外での平和部隊や、現在計画中のアメリカ国内での国内奉仕部隊で無償の奉仕をすることなどです」

最後に国民全般とアメリカン大学卒業生に向けての呼びかけだ。国民に対しては、アメリカの自由と人権に基づく政策を実施するに当たって、自分たち自身がこのことを改めて自覚してほしいという、少しあいまいな要請だった。だが、歴史として残った時間経過を考慮すると、この「国内の平和と自由」が実は重要なことを意味していたことに気づくのだ。

この卒業式での演説の翌日、ケネディはテレビで全国に向けて演説した。それはまだ現実問題として存在していた黒人差別を撤廃する、それも法の力によって撤廃するという大胆不敵な宣言だった。このことに関しては第二章で詳しく取り上げるが、「国内の平和と自由」に関して再検討しようという呼びかけは、すでに翌日の、国民の多くにとっては驚くべき演説内容を予告していたのである。

卒業生には、平和部隊への参加を呼びかけた。これは六〇年の大統領選挙中の一〇月一四日のことだった。予定されていた時間を大幅に遅れたことで夜中となったミシガン大学での演説で、ケネディは人生の意味を語った。自分の経済的利益を求めるだけの人生がいかに虚しいものなのか、人生の本当の目的とは何なのかを語った彼は、自分個人の富とか社会的地位とか職業だとかをのみ追い求めるのではなく、他人のために尽くすこと、行動することの重要さを語った。そこに本当の人生の喜びや充実感があるのだと。人生のほんのひと時、半年でも一年でも、世界の恵まれない人々と共に生活して、彼らの利益のために尽くすこと、しかも無償で行うことにどれだけの価値があるかと述べ、こうした活動に参加することを呼びかけたのだった。多くは医学部の学生たちだったが、演説が終わるとすぐに彼の下に駆け寄り、そうした活動への協力を申し入れる数十名の学生たちが彼を囲んだ(17)。この無償の奉仕活動はケネディの就任直後の三月一日に、行政命令による「平和部隊」として形をみることになった。自分の義弟のサージェント・シュライバーを責任者として出発することになったが、関連法の成立を待った九月二二日に正式に発足したのだ。この時点での登録人数は一万三千人を超えていたという。彼らはすぐに世界に向けて飛び出していった。

いわくつきの平和部隊だったが、大学での選挙演説で始まったこの活動に、大学を卒業する人たちへの呼びかけるのは当然だっただろう。

アメリカ国内の問題——自由と人権

「しかし、どこにいようとも、我々はみな、平和と自由は相伴うものだという古くからの信念に恥じない行動を、日々の生活の中で取っていかなければならないのです。今日、我が国の非常に多くの都市では、自由が不完全なために、平和が確立していません」

ここでケネディは改めて「国内の平和と自由」を持ち出した。翌日の演説を意識していたからかもしれないが、黒人たちが白人との平等を求める五〇年代に始まった公民権運動は次第に過激化していた。ケネディが政権を取ってからも、特に南部の各地で白人と黒人の対立は暴力を伴うようになり、黒人たちは時に暴徒化していた。

ケネディが言うように、黒人たちの自由が制限されているがために、社会秩序という名の平和が乱れているのが現状だった。

人間にとって自由は大事だ。アメリカ憲法制定時にこれを弁護するために書かれた文書（その後、『フェデラリスト（論文集）』として知られる）では、「……自由とは火にとっての空気のごときもの」[18]とさえ書かれるほど、自由は人間の生活・人生にとっては不可欠な要素なのだ。こういう考えがアメリカの独立を促す契機となったイギリスの思想家ジョン・ロックの主張だった。それほど大事なものだから、人間は自分の生命と自由と財産とを守るために、第三機関としての政府を必要としたというのだ。

それに対して、自由は社会秩序を破壊する要因だとする考えがあった。ロックに先立つ思想家トマス・ホッブスなどは自由があると社会はまとまらなくなる。社会の秩序を守り、平和のうちに暮らすためには、自由は否定されなければならないと言っていた。

こうした思想的な対立のなかで、母国イギリスから独立して新しい国造りをすることになったアメリカの先人たちは「最大限の自由と最大限の秩序」という相反する価値を実現する国家の建設を目指した。ケネディが言う「自由と平和は相伴う」という信念だ。

アメリカの先人たちは、結局は黒人奴隷の存在を許したのだから、白人たちのための「自由と平和」でしかなかったのかもしれないが、その矛盾が大きく噴き出したのが南北戦争だった。だが、それでも解決したわけではなかった。自由と平和とは別のベクトルに「人種・人種偏見」が存在していたからだ。

ここから先は次章に譲るが、自由が否定され、人権が歪められていた黒人たちの存在はアメリカという国の存在意義を薄めるものになっていた。特に、イデオロギー（思想）をその要因とする米ソ対立の中にあって、「自由と人権」を標榜するアメリカの大きな汚点だった。改めてこのアメリカの信念をしっかりと見つめ直してほしい、がケネディの切なる願いだったのだ。

「権限内のあらゆる手段によって、すべての国民に自由を与え、これを擁護することは、地方、州、合衆国を問わず、それぞれの立場の行政府の責任なのです。この権限が現在なお十分でないなら、これを十分なものにするのは、それぞれの立場の立法府の責任なのであります。そして、他のすべての人の権利と国法とを尊重することは、あらゆる地域の、あらゆる国民の責任なのであります」

本当の平和といって世界平和を語っていたはずのケネディは、ここでは明白に、とは言ってもあえて「黒人」とか「黒人問題」ということばは使っていないが、アメリカ国内の人種問題について語っている。憲法（修正一四条）に従えば、人種、宗教、そしてかつて奴隷の身分であったかどうかに関わりなく、アメリカ国民（アメリカで生まれた者）は平等に扱われなければならないのだ。あるいは同じ憲法（修正一五条）では、何人も投票権が制限されてはならないとある。だが、現実、アメリカ南部では黒人の自由な投票は妨害されていた。

国民に問題意識を持たせるのと、各地方の政治家たちに責任を自覚させる。世界の問題解決に目を向けさせた卒業生たちに、国内問題にもしっかり目を開かせたのだった。

平和は人権の問題——人間共通の利益

「以上のことは世界平和に無関係ではありません。聖書に『人の道が主を喜ばせるとき、主は人の敵をその人と和らがせる』とあります。平和は、結局は、根本的に人権、踏みにじられる恐れもなく人生を全うする権利、自然が与えたままの空気を呼吸する権利、将来の世代が健全な生存を続けることができる権利の問題なのではないでしょうか？」

旧約聖書の箴言第一六章七節を引用して、ケネディは神が地上に平和を与えるのは、人が神の御心に沿うように行動したときだと言った。神の御業は結局は人間の仕事なのだ、と就任演説の最後に言ったことを繰り返した。

では、神を喜ばせる人間の仕事とは何か。それは自分の人間としての権利を全うできる生活、汚染されることのない空気を吸う生活、そして自分の子孫が安心して暮らせる生活——言ってみれば、自分の権利を全うできる社会を生み出すことなのだと言う。自分の権利を全うするには、当然、他の人もその人の権利を全うできなければならない。互いに互いを尊重し合うこと――これが神が人間に望んでいること、人間が実現しなければならないことなのだ。ケネディはこう説明した。

この演説の中心的なテーマに戻ったケネディは、一気に演説を締めくくり出す。

「我々は我が国の利益を守っていく一方で、人間の利益も守っていこうではありませんか。競争と軍備の廃棄は、明らかにこの二つを利するものなのです。条約は、どれほど大きな利益を万人に与えるものであったとしても、どれほど厳格な条文で規定されているものであったとしても、欺瞞や回避の危険に対する絶対的な保障とはなりえないのです。しかし、条約は、もしそれが実施上、十分に効果的であり、十分に締結国の利益となる場合には、不断の無統制な予断しがたい軍備競争よりも、はるかに大きな安全を与え、はるかに大きく危険を減らすことができるのです」

人間としての共通の利益を守ることは、軍拡競争よりもずっと優れていることを改めて表明したものの、時に互いの約束である条約が役に立たないとの認識を示した。しかし、条約が有効であるための条件としてケネディが掲げた、「十分に効果的であり、十分に締結国の利益となる」は、国益を重視した場合には達成できない条件であるが、互いを人間として認め合い、その人間としての利益に立脚しているならば、十分に実現可能な条件なのだ。

だから、アメリカは率先して、この条件を満たしていくとケネディは決意する。

「世界が知っているように、アメリカは決して戦争を始めることはしない。我々は戦争を望みはしない。近々戦争が起きるとも思っていない。現代のアメリカ国民は、戦争や憎悪や圧政にはすでに飽き飽きしているのです。もし他国が戦争を望むなら、我々もそれに備えなければならない。しかし、そうならないように十分に警戒していなければならないのです」

アメリカは自ら戦争を始めることはない、と断言した。人間の自由と権利とを、個人個人の独立した自由な生活とを国家建設の信念としている以上、アメリカはすべての人間の、人類すべての自由と人権を尊重し、守っていこうとしているからだ。これを否定する国がもしあるなら、それ相応の準備と警戒はしなければならない。だが、外交手段で、それは人間の持つ英知と知恵で、他国が戦争を望むようなことがないようにするだけのことなのだ。こう主張したケネディは最後にこう言って、この演説を終えた。

「だが、我々は弱者が安全であり、強者が公正である平和の世界を築き上げるために、我々の役割を果たすつもりでいるのです。我々はそのような任務を前にして、決して無力ではなく、その成功に絶望しているわけでもありません。自信を持ち、恐れることなく、そして我々は人類絶滅の戦略に向かってではなく、平和の戦略に向かって全力で努力し続けるのであります」

就任演説の中ほどで、ケネディはソ連とその陣営に「新しい法の世界」の構築を呼びかけた。法の世界とは、もちろん、軍事力が支配する世界ではない。法が人間の理性と英知と知恵とによって成立するべきものであるなら、その法が力を持つ新しい世界を実現しようという呼びかけだった。その新しい世界では「強者が公正で、弱者が安全で、そして平和が維持される」と語っていた。

ケネディは大統領として、この就任当日の夢を二年半経った時点でも、ほぼ同じことばで語ったのだ。本来、全世界の人間が人間として尊重し合えれば、「弱者」も「強者」もなくなるはずだ。だが、たとえ軍事力ではなくとも、人間集団の中で指導的な立場に立つ者と指導される側に立つ者に分かれてしまうのは仕方のないことなのかもしれない。平和の戦略を意味あるものにするのであるならば、指導者としての「強者」は必要なのかもしれない。だとしたら、その強者は常に公正（原文ではjustが使われている）である必要がある。

世界の指導者がこの公正であることの意味を認識し、人間として尊重し合うことの意味を認識するならば、平和の世界の実現は決して夢ではない。この夢に向かって、すべての指導者が、そしてすべての人間が努力を続ければ、必ずそれは実現できるのだ。

ケネディのメッセージだった。

アメリカン大学の演説のまとめ

これが後に「平和の戦略」と題されることになった演説だ。アメリカン大学を卒業していく若者たちへの強烈なメッセージだった。だが、それだけでなく、ソ連の指導者たち、ソ連と同盟を結ぶ東側陣営の指導者たち、そしてアメリカの仲間である西側陣営の指導者たち、つまり、全世界の指導者たちへの力強いメッセージだった。それはまた地球上すべての人々、国という概念に縛り付けられ、異質の者たちを決して受け入れようとしない、だがこの小さな地球に暮らす全世界の人々への、ひとりの若い大統領の心からの訴えだった。

この演説を、「……ケネディ大統領は冷戦の終結を提案した」[19]と評価したのは『サタデイ・レビュー』誌の編集者だったノーマン・カズンズだった。演説から九年という年月を経ての好意的なコメントだった。当初はアメリカ国内の評判は非常に悪いものだった。

ケネディにはどちらかというと好意的だった『ニューヨーク・タイムズ』紙でさえ、この演説での「大統領の譲歩」ほど「楽観主義」的なものはない、という政権内部からの批判を一面トップで報じていたほどだった[20]。また、『USニューズ・アンド・ワールド・レポート』誌は八月五日号で、ケネディの提案が現実のものになったとき、たとえば国防費の削減によってアメリカ経済がどのような影響を受けるのかの特集を組んで、経済が低迷することになるのではないかと読者に警戒心を呼び起こしている。ラジオやテレビでの評価も低かった。ある面では、国全体から無視されていた[21]。

ところが、皮肉にも、この演説を高く評価したのが、ソ連のフルシチョフ首相だった。「ローズヴェルト以来のアメリカ大統領の演説の中で最高のものだ」と語ったという。そして、まさに驚くべきことだったが、演説全文がソ連国内の新聞に掲載され、またラジオでも放送された[22]。

第二次大戦後、ソ連は当時のアメリカドルに換算して毎年数億ドルをかけてアメリカからの放送を妨害していたのだ。VOAのロシア語での放送など、それがどんなに短いものでも、必ず妨害されていた。それなのに、このケネディの演説だけは、一切の妨害も、編集もなしに、英語とロシア語訳と両方で印刷され、電波に乗せられたのだった。

しかも、それだけでなく、すでに説明したように、中断されていた核実験禁止に向けての流れを急転換させたのだった。すべてフルシチョフの判断であり、命令だった。それほど、彼はケネディのこの演説を好意的に受け入れ、共に本当の平和への道を歩んでいく決心をしたのだった[23]。だから、彼は核実験の禁止だけでなく、NATOとワルシャワ条約機構との間に、不可侵条約（協定）を結ぶ提案までしたのだ。「新鮮な国際環境」を作り出すために、がその理由だった[24]。

核実験禁止とは異なり、この相互不可侵の提案は実を結ばなかった。そもそも戦前、日本との間にあった相互不可侵条約を無視して、終戦間際に南樺太に侵略してきた実績のあるソ連のこの提案が、どれほどの意味を持つのかは疑わしいが、それでもケネディの演説によって、ソ連側に大きな変化を引き起こしていたことは確かだった。

結果として、まさに世界を変えた、あるいは大きく変える可能性のあった演説だった。

それは本章の冒頭でも指摘したように、この演説でケネディが躊躇なく本心をさらけ出したからだった。国内的には、特に保守的で、反共の主張が強かった共和党からは激しい非難を浴びたし、民主党からも強い支持を得たわけではなかった。だが、次にジョンソン政権がベトナム戦争の泥沼にはまってしまい、ソ連だけでなく中国（当時はまだ中共と呼ばれていた）との関係も悪化に向かい、さらに次のニクソン政権がベトナムだけでなく、隣国カンボジアまで爆撃の範囲を広げるようになると、このアメリカン大学での演説は次第に見直されるようになった。ケネディの誠実な本心、ケネディが実現しようとしていた壮大な夢がアメリカ国民の心にしみ渡っていくことになったのだ。

と同時に、彼が暗殺された事実を悔やむ気持ちも強くなった。あのケネディが生きていたら……は、六〇年代後半から今日までずっと残ることになった。

暗殺されたケネディの思いを継ごうと立ち上がったのが、弟のロバート・ケネディだった。兄の政権で司法長官を務め、兄の死後ニューヨーク州選出の上院議員として活動していたのがこの弟だった。上院議員になってから黒人やインディアン、そして女性という、それまでアメリカ国内で冷遇されていた人々、そしてまた運悪く貧困に苦しんでいた少数派の人々のために活動していたが、ベトナム戦争の状況悪化と徴兵されて無駄な死を遂げる若者に同情して、新しい平和の世界をつくるために、つまり兄の遺志を継ぐために六八年の大統領選挙に果敢に挑戦した。

国民からは当選は当然とさえ思われていたロバートだったが、六八年六月五日の零時過ぎに三発の銃弾を浴び、六日に息を引き取ってしまった。彼の遺体は埋葬のために列車でニューヨークからワシントンＤＣまで運ばれたが、その沿線に集まった人々の数と熱狂は、国民のいかに多くがケネディ大統領の遺志を継ぐものとしての彼に期待をしていたかを示していた。

だが、その期待も虚しく外れてしまったために、ケネディの遺志は見向きもされないものになってしまったようだったが、オバマ大統領がプラハで行った演説、そしてまた広島での心のこもった演説のなかに、その遺志がまだ生きている、繋がっていることが明白になった。

いま、国家を超えることを訴えたケネディを思い、地上に生きるすべての人類、そしてそれを代表するすべての指導者たちは改めてこのケネディの遺志の実現を決意し、それに向けて、どれほど小さなことであっても実行して貢献していくべきなのではないだろうか。

フルシチョフではないが、実に稀に見る政治家で、本当に人間として尊敬に値する指導者はケネディしかいなかったし、今もいないのだから——。

第二章　アメリカ国内に革命を——全国に向けたテレビ演説

アメリカン大学で自分の本心からの政策を初めて訴えたケネディ大統領は、その翌日の一九六三年六月一一日の午後八時にホワイトハウスの執務室から全米に向けて、テレビとラジオを通じて当時最大の国内問題だった黒人問題に本格的に取り組むことを宣言し、すべての国民が大統領の思いを受け止めてくれるよう要請したのだった。

アメリカと黒人

この演説の内容に入る前に、当時のアメリカでの黒人問題とそれに対するケネディ大統領の対応について、少し振り返っておきたい。

そもそも黒人たちが西インド諸島からアメリカ大陸に出来た最初のイギリス植民地である

ヴァージニアに運び込まれたのが一六一九年のことだった。以後、アメリカでは黒人の多くが奴隷として農園主である白人の所有物となっていた。彼らはそれでも家庭を持つことを許され、自分たちの教会に参加することを許され、さらに日曜日には黒人たちが集まって自分たちの音楽を楽しむことも許されていた。ジャズ発祥の地とされているニューオーリンズの「コンゴ広場」がその一つの例だろう。農場での仕事がどれほど過酷だったかは定かではないが、ある意味では彼らの生活は、白人の農園主や奴隷監督官に逆らわない限り、奴隷という名前から受けるようなものではなかった(1)。

だが、当然、元来は強制的にアフリカから西インド諸島へ連行され、さらにアメリカ大陸へと生まれ育った土地や家族から離され、農作業を強制され、人間としての本来の扱いも受けることのなかった黒人たちに、本当の意味での幸せはなかった。自由と人権の国アメリカにあって、自由も与えられず、人権も無視されていた彼らの存在は、アメリカが理想とするものではなかった。

だから、建国の父たちの一人、第三代大統領となったトマス・ジェファソン(1742〜1826)などは、自らが農園主で一〇〇人を超える黒人奴隷を所持していながら、このアメリカが当初から抱えることになってしまっていた問題に心を悩ませていた。彼自身が原稿を仕上げた、いわゆる「独立宣言」では「すべての人は平等に造られ、創造主によって生命、自由、そして幸福追求の権利を付与されている」と明言さえしてしまっていた。

この建国の原則と自らが所持する黒人奴隷たち、そして自分の仲間である南部出身の政治家たちの大半が同じように所持している黒人奴隷との矛盾は、決してジェファソン一人で解決できるものではなかった。それでも大統領として、彼は黒人たちを奴隷の身分から解放したいと切に願っていたし、それなりの方法も模索していた(2)。

そのような南部人も存在してはいたものの、結局はイギリスからの独立と同時に奴隷を解放した北部から厳しく批判され、非難されることになってしまったのだ。この非難に耐えられず、また一八三〇年代から始まった議会内での議員の数をもって強制的に奴隷度を廃止するべきだという北部からの声(奴隷制廃止論)が大きくなるにつれ、農作業を黒人奴隷に頼っていた南部が合衆国からの脱退を決意することになった。

脱退した南部を力づくでも戻そうとしたのが一八六一年四月に始まった武力抗争、いわゆる南北戦争だった。少しの間の戦いと誰もが思っていたはずの戦いは、実に丸四年の時間と六二万人を超える兵士たちの命を奪い取ることになった。

奴隷解放令と憲法改正

一八六三年一月一日、すぐに終わると思っていた戦いが激しさを増すばかりで、いつ終わるか分からない状況の中、当時のリンカン大統領(1809～1865)はいわゆる「奴隷解放令」を発布した。この日の時点でアメリカ合衆国（北部）と戦闘状態にある州および地域の奴隷をすべてその身分から解放するというものだった。対象になる州と地域が具体的に列挙され、およそ三〇万人の黒人がこの日奴隷の身分から解放され、自由になった。

ただ、この解放令の真の目的は黒人を自由にすることにあったのではなかった。この時点ではリンカンの本心は黒人になかったのだ。彼は戦争を一日も早く終えたかった。ある意味で南部の決意の強固さと戦争能力を軽視していたリンカンは、戦争が長引き、戦死者が増え続ける現状を早く終える必要を痛感していた。しかし、戦況は彼にとって決して思わしい展開ではなかった。南部を率いたロバート・リー将軍（1807〜1870）の巧みな戦術に北部は押されっぱなしだったからだ。

それでも一八六二年九月のアンティークの戦いで北部が大勝したことを、南部に戦いをあきらめさせる絶好の機会と考えたリンカンは、政権内部の猛反対にもかかわらず、終戦を促す宣言を出した。九月二二日のことだった。

一〇〇日後の一九六三年一月一日に合衆国と戦闘状態にある州や地域の黒人奴隷をすべて自由にするという内容だった。南部に対する一種の脅しだった。黒人奴隷を維持したかったら、合衆国に対する戦闘行為は止めろ、つまりこの一〇〇日間で武器を捨てろ、という内容だ。戦争をこの時点で終結させれば、南部の黒人奴隷はそのままの状態で保持されることになる。戦争に負けて、奴隷制度が勝者である北部によって強制的に廃止されるよりは、奴隷制度の維持を選ぶはず、というのがリンカンの真の思惑だった。

しかし、問題があった。一応、南部は合衆国から離脱し、「アメリカ諸国連合」という別の国家を樹立していた。国際法上は合衆国がこの離脱を認めない限り、南部の連合体は国家として認められるわけではない。しかし、現実に彼らは自分たちの憲法を造り、政府も持ち、その独立を勝ち取るための戦いをしていた。したがって、日本語では、国家間の戦いである「戦争」だったとして「南北戦争」と訳している。この意味では日本語訳は南部の「味方」なのだ。

リンカンは離脱を認めなかった。離脱を認めなければ、この戦いはリンカンの政権に対する反抗、つまり反乱と捉えられる。アメリカではこの戦いを「Civil War（シヴィル・ウオァ）＝内乱」としているのは、そのためである。

リンカンにとっては「内乱」であるから、反乱をしている州および地域に、合衆国大統領の権限は及ぶ。したがって、彼の権限で、奴隷を解放することは可能だと考えたのだった。だが、現実に離脱の宣言をして、新しい国家体制を作り上げていた南部を、単純に反乱者として捉えるのには政権内部でも反発があった。離脱した州や地域には、合衆国大統領の権限が及ぶはずはないからだ。

法的な解釈を重視するか、現実を重視するかで、大統領権限による奴隷解放が正当化されるかされないか、という問題がそこにあった。リンカンの周囲が全員、この宣言に反対していたのが事実だった。大統領権限（あるいは合衆国という国家の権限）によって奴隷を解放するのは、戦争に勝利したとき――負ければ当然、南部は別の国として存在することになる――のみだ、というのがリンカン以外の人たちの考えだった。

しかし、終戦を急ぐあまり、リンカンは独断に近い形で、九月二二日の声明を出してしまった。その後の一〇〇日間、南部はこれを無視して、戦闘を続けた。リンカンは出してしまった宣言を実行しないわけにはいかなくなった。六二年一一月の議会選挙では、リンカン支持派が勝利していたことも無視できなくなった。約束は守らなければならない。

これが一八六三年元日に「奴隷解放令」が出されることになった経緯だ。単純に「宣言」というタイトルで発表されたもので、リンカンの気持ちは、このような宣言を出す必要がなかったこと、つまり戦争が終わっていてほしかったというものだったはずだ。

大統領の権限という問題を解決するには、合衆国憲法を改正する必要があった。憲法は奴隷の輸入を一定期間認める条項（第一条第八項）や州の人口を数えるのに黒人奴隷を五分の三人、つまり黒人五人を白人三人として州の総人口に加えるという条項（第一条第二項）などで、基本的に黒人奴隷の存在を容認していた。そんな憲法を変えない限り、真の解放はありえなかった。

実は、南北戦争には奴隷を持っていた州（デラウェア、ケンタッキー、ミズリー、メリーランド）と戦争開始後に南部に加わったヴァージニア州から分離して新しく誕生したウェスト・ヴァージニアという広大な地域(3)が奴隷を保持していながら南部に加わらず、北部にとどまっていたのだ。リンカンの戦略は、これらをそのまま北部に残すことにあった。六二年九月の段階では、彼らがいまさら南部に走ることはない、とリンカンは信じていたが、大きな賭けだったことは間違いない。解放を告げた宣言でも、彼らは北部にとどまったのだが、それはそれでまた新たな問題を残すことになった。南部の奴隷が解放されても、北部の奴隷が残っていたわけだ。この問題を解決できるのは、ただ憲法を改正して、明白に奴隷を禁止することだけだった。

リンカンが偉かったとすれば、政権内部の反対を押し切って出してしまった政策が、当初の目的を果たせないまま、別の展開をすることになってしまったときに、この新しい展開を受け入れ、さらにそれを進展させる決意をしたことだった。リンカンは黒人奴隷制度の撤廃を実施するべく、憲法改定に全力で立ち向かったのだった。

憲法修正第一三条として「奴隷および本人の意に反する労役は、犯罪に対する刑罰として当事者が適法に宣告を受けた場合を除き、合衆国内あるいはその管轄に属するいずれの地にも存在してはならない」を議会に認めさせる努力を始めたのだ。

上院は早々に一八六四年四月八日に承認したものの、下院はこれを拒否した。憲法改定には上下両院の三分の二以上の賛成、そしてその後全州の四分の三以上の賛成を必要とする。奴隷制度撤廃の憲法改正案は頓挫することになった。

この憲法による奴隷制撤廃はリンカンにとっては絶対に実現しなければならないことだった。この改正が成立しないまま戦争が終わってしまう（もちろん、北部の勝利で）と、もともと戦争終結を目標として出された奴隷解放宣言が意味を持たなくなり、最悪の場合は、解放された奴隷たちをまた元の所有者の手に戻すということになってしまう可能性があったからだ。リンカンは六四年の二度目の大統領選挙を戦いながら、何とか下院を翻意させようと必死だった。その結果、六五年一月末に下院は激しい議論の結果、ついに原案に賛成することになった。ここに憲法改正の手続きの第一段階を無事に越えたのだった。

南北戦争後――過酷な運命

南北戦争は北部の勝利に終わった。リンカンが戦中に出していた宣言に従って、敗れた南部に対する公式な報復はいっさい行われず、南部諸州の合衆国復帰は許されることになった。当然、改正された憲法に従うという暗黙の了解が前提だった。終戦直後にリンカンが暗殺されてしまったことによって、奴隷解放後の様々な措置は新しい政権に託されることになった。だが、これに関して、連邦政府が積極的に関わることはなかった。

解放された黒人たちをどう扱うかは、結局は各州の責任とされた。黒人たちは基本的には南部のプランテーション以外の生活を知らなかった。自由は否定されていたものの衣食住は主人によって与えられていただけに、生活への不安はなかった。それが自由になった今、彼らは衣食住を自分で管理することになった。自分で自分の生活を考えなければならなくなったのだ。これが自由だった。しかし、読み書きすら碌にできず、算数の計算さえままならず、そして「貨幣」さえ理解できなかった大多数の黒人には、住居を選び、仕事を選びとる自由はなかった。彼らの多くは結局、以前のプランテーションの仕事に戻ることになった。

しかし、奴隷の身分と自由労働者としての身分では、たとえ仕事は同じでも本質的に全く異なっていた。自由労働者は給料を受け取る代わりに、家の家賃、食費、衣料費、そして病気やケガをしたときの医療費を、つまり生活費を自分で賄わなければならなかったのだ。奴隷の環境では、全く気にする必要のなかったことに、突然に関わらなければならなかった。

彼らには以前に増した過酷な生活が待っていた。それに加えて、白人たちからの差別に直面した。奴隷時代のプランテーション内では七歳までは主人の子供たちと一緒に遊ぶことができた。だが、解放後は白人と黒人の間に厳しい一線が引かれたのだ。両者の交流は基本的に禁止された。南部各州で成立した「ジム・クロウ法」（黒人法）が人種差別を公の制度にしてしまったのだ。

黒人男性が白人女性を見つめただけでリンチが待っていた。黒人が夜、外出しただけで、逮捕され、リンチを受けた。人種間の結婚はもちろん、交際さえ禁止された。こうしたことを徹底する集団として白人の中に「クー・クラックス・クラン」（ＫＫＫ）などという暴力集団が生まれ、盛んに活動するようになった。

奴隷としての制約を守ってさえいれば命を脅かされ、生活を脅かされたり奪われたりする恐れはなかった黒人たちが、いまやいつ命が危険にさらされるのかさえ分からない状況に追い込まれたのだ。奴隷制廃止後の実態だった。

黒人たちが無抵抗だったわけではない。憲法修正一四条、一五条と南北戦争終結後五年以内に成立した二つの条項では、「人種や肌の色による差別」が禁止され、そしてアメリカ国民（アメリカ生まれの人間）に投票権が与えられていたのだが、南部では、そして北部の一部でも白人と同じように投票できる黒人は多くなかった。さまざまな条件で黒人たちの投票は妨害されていた。明確な憲法違反として、法廷に訴える黒人たちがいた。だが、多くは門前払いだったし、たとえ裁判になっても彼らの訴えは却下されたのだった。

同じ料金なのに黒人専用列車と白人専用列車の環境が違いすぎるという訴えに対しても、最高裁でさえ、料金は目的地まで運ぶことに対して支払われるのであり、列車の環境が異なろうと、違憲ではないと判断したのだった。「分離すれども平等」（Separate but Equal）という原則がここに打ち立てられることになった（プレッシャー対ファーガソン事件）。一八九六年のことだった。

長くなったが、これが黒人たちが経験させられてきたことだった。リンカンの奴隷解放宣言は結果的には黒人たちをさらに過酷な状況に追いやっただけだった。北部も含めて、アメリカ全土で黒人は明確な差別を受け、蔑視され、そして白人とほぼ完全に隔離されてしまったのだった。

ブラウン判決

そんな状態に風穴を開けたのが、一九五四年の最高裁判所の判断だった。第二次世界大戦後、人種差別撤廃への機運は全米黒人地位向上協会（ＮＡＡＣＰ）などが設立され、統合的な差別反対運動が展開されるようになって、次第に高まっていた。一九五〇年五月一六日にサウス・カロライナ州クラレンドン郡の公立学校に人種の別なく誰もが入学できるべきだとして黒人たちが訴訟を起こした。これが他の同様の四件の訴えと共に最高裁判所で争われることになったのだ。初等・中等教育の公立学校は州民すべての児童・生徒に門戸が開かれるべきだという訴えだ。最高裁は「ブラウン対トペカ（カンザス州）教育委員会」として一括審議することになったのだが、一九五四年五月一七日に、公立学校での人種による分離教育は憲法違反だと明言したのだった。九人の判事の全会一致の判決だった。

アメリカの歴史における革命的と言ってもよい判決だった。このときの最高裁長官だったアール・ウォーレンは一躍「英雄」扱いされることにさえなったほどだった。この判決が及ぼした影響は計り知れないが、さらに翌年、最高裁は差別のない学校教育を実現する方策に戸惑うすべての州政府に対して、「学校通学バス」の導入を提案した。これによって、それまでは居住地区によって通う学校が指定されていた制度、つまり白人地区の子供は白人の学校へ、黒人地区の子供は黒人専用の学校へとしていた制限が撤廃されることになったのだった。一九七〇年代に入ると、白人でありながら本来の黒人学校へ通わされる子供の親たちが、学校バスは憲法違反だとの訴えを起こし、新たな政治問題になったりしたが、それでもそれまでの間、「ブラウン判決」がアメリカ社会を根底から変えることになったことは否めない。

だが、一方で自分たちのこれまでの生活と特権に危機感を覚えた白人たちは各地で「白人市民会議」(White Citizens Council)を結成し、差別撤廃に動こうとする連邦政府に組織的な抵抗を始めたのだった。特に、南部での抵抗は、公立学校を閉鎖し、すべての教育を私立学校に委ねてしまおうという運動だった。ブラウン判決で違憲とされたのは、あくまでも「公立学校」だ――だとすれば、これ以外の私立学校での差別は判決の対象外だという判断だった。

バス・ボイコット

こうした状況で、それでもブラウン判決によって自分たちの主張に正義を意識した黒人たちが大きな力を発揮した事件が起きた。それが「バス・ボイコット」だった。

一九五五年一二月一日、アラバマ州モンゴメリー市の市バスに乗車していた一人の黒人女性が、白人男性に席を譲るようにと命じたバスの運転手に対して、「ノー」と言ってこれを拒否したのだ。バスの前方の席は白人用、後方の席は黒人用と決められていた。だが、白人席が満席になったときには、黒人は席を譲ることになっていたのが決まりだった。バスの使用者は圧倒的に黒人が多かったのに――しかも、黒人は前の扉から乗って料金を払ったあと、一旦降りて後方の扉から乗り直すという屈辱的な扱いを受けていた。

この女性は黒人用の席に座っていたのだが、白人席に空席がなかったために、立つことを求められたのだ。彼女の名はローザ・パークス。彼女の拒否の「ノー」が黒人のジャーナリスト、ルイス・ローマックスが書いているように、「黒人の反抗は……〝ノー〟と言ったその瞬間に始まったと言える[4]」

この勇気ある女性はNACCPの初めての女性会員で、当時は選挙で選ばれてモンゴメリー支部の書記を務めていた。実は、数週間前に同じ市バスで、十代の黒人少女が後部座席に移れと命じる運転手に対して、この要求を拒否した事件が起きていた。警察によって逮捕されたこの少女を救うためにNACCPが動き出したのだが、少女の母親が娘を黒人の抵抗運動の象徴とすることを拒んだために、結局は表沙汰になることはなかった。この事件に書記として関わったパークスには、心に秘めたものが生じていたのだ。

パークスも逮捕された。後のインタビューに応じた彼女は、「その時自分は疲れていた[5]」のだとだけ答えているが、黒人の権利を求める動きが活性化されていた当時の雰囲気と、先に起きた少女の事件を虐げられている黒人の象徴として自分たちの運動を高めていこうとしていたことへの期待感と失望感とが、彼女の心に何らかの決意を生じさせていたのだろう。

彼女の逮捕に黒人たちは「モンゴメリー改善協会」を新たに組織し、会長に弱冠二六歳で博士号を持つ黒人牧師マーティン・ルーサー・キングを選出した。キングは自分の教会で「非暴力の抵抗」を訴えていた。悪に対して暴力で抵抗することは、暴力自体が悪である以上、抵抗する側にも正義はない。もし正義は我にあるとするなら、当然、悪に対しては善で立ち向かっていかなければならない。キング牧師の主張だった。

これは一八四五年にメキシコ戦争に反対した詩人ヘンリー・デイヴィッド・ソロー（1817〜1862）によって世に問われた考えだった。ソローは理由のないメキシコとの戦争は悪であるとしたが、これにデモなどの実力行使で反対することはやはり悪なる行為だとしたのだった。彼は暴力を伴わない反戦の意思表示は、戦争の費用を捻出できないようにすることだとして、税金の不払いを提唱した。自らが正しいと思うことを守るべきで、たとえ国家の法であろうと、自分が間違っていると考える法には従う必要はないという信念を語っていた。

『市民的不服従』(6)という自らが投獄先から書き送った小冊子は、あまり大きな影響を与えることなく図書館の片隅に放置されていたが、まだ神学生だったキングがこれを読み、完全に傾倒していた。(7)キングは白人の悪を正そうとして力を使ったら、白人はより大きな力でこれを潰しにかかるだけだとし、むしろソローが主張したように善なる行為、非暴力で抵抗するべきだと説いていたのだった。

パークスが火をつけた出来事をより効果的に利用するには、黒人たちによる市バスの乗車拒否をするべきだ、とキングは強く主張した。バスを利用しないことで黒人たちの怒りと抗議の気持ちを表すべきだ。モンゴメリー改善協会はすぐにこのバス・ボイコットの実施を決めた。

キングはこの運動を指導するにあたり、募金を実施し、自家用車を持つ黒人たちによる自発的なカー・プール（乗合）を組織した。

事件の三日後の月曜日、市バスの乗客の中に黒人はいなかった。その日以来、黒人たちは仕事に学校に、そして買い物にと基本的には歩いた。都合が合えば誰かの車に同乗した。市バスの利用者の四分の三以上を占めていた黒人たちが乗車を拒否したのだ。市当局への経済的な打撃は大きかった。当初は一日だけという予定だったボイコットは、「抵抗運動」に参加する黒人たちに非暴力が安心感を与えていたのだろう、あるいは実際にバスを拒否して歩くという行為のなかに自分たちの勇気と決意を示せるという高揚感があったためだろう。いずれにしろ、彼らは市当局が折れるまでバスには乗らないと決意し、バス・ボイコットは続けられたのだった。

ついに市当局は折れた。バスにおけるすべての差別を撤廃することを約束したのだった。法廷でも、バスの人種分離を規定していたアラバマ州法およびモンゴメリーの市条例を憲法違反と認定した。(8)

非暴力のボイコット運動の大勝利だった。これによって、キングの名前は全国に広まり、黒人運動の最高指導者としての暗黙の地位を得ることになった。キング自身がこれを望んだわけではない。だが、誰もが当然のことと受け入れていた。これ以後の黒人たちのための運動を支えていくために、キングは仲間の牧師たちと「南部キリスト教指導者会議」（ＳＣＬＣ）という組織を立ち上げ、自らこの組織の議長として活動していくことになった。

高揚する黒人権利の要求

モンゴメリーの成功は一九五七年、アーカンソー州のリトルロックの事件を起こすことになった。この年、リトルロックにあるセントラル高校に九人の黒人生徒が入学許可を得た。九月の新学期開始と同時に、黒人生徒の入学に反対する白人の親や周辺の住民たちが、彼らの入学を力によって阻止しようとして、暴力事件が起き、それが暴動につながったのだ。ブラウン判決、そしてモンゴメリーのバス・ボイコットと、黒人の権利と利益が次第に認められることになっている現実に対する白人たちの不安が原因だったのだろう。

町を飲み込む形の暴動に、アイゼンハワー大統領は連邦軍を派遣して、やっとこれを鎮圧した。軍隊に守られるかたちで黒人生徒は授業を受けることになったのだ。

一九五〇年代後半、黒人の権利が急速に認められたことで、これに抵抗する白人との抗争によって、社会は混乱し、国民のなかに不安が広がり出していた。

そのような状況に拍車をかけたのが、「シット・イン」（座り込み）の運動だった。一九四二年に設立された「シカゴ委員会」という人種平等を推し進める運動から生まれた「CORE（人種平等会議）」という組織が、ニューヨークに本部を置き活動していた。結果的には、キングの非暴力運動と共通点を持つ穏健組織だったが、この組織が採用した「シット・イン」という戦術が黒人運動に新しい側面をもたらすことになったのだ。

シット・インは黒人があえて「白人席」として規定されている座席に座って人種差別への反対を示す行動として、すでに南北戦争後に行われていた。もちろん、この場合、白人席に座った黒人が無事なわけはなかった。

COREは南部の大学生たちに、この戦術を実行させたのだった。一九六〇年二月一日に、ノース・カロライナ州のグリーンズボロー市にあるウルワースのランチ・カウンターの白人席に、四人のノース・カロライナ農工大学の学生が座り込んだのだった。当然、店員からは無視され、給仕されることもなかったが、彼らは座り続けた。店側はカウンターを閉鎖することで対応したのだが、翌日も同じことをした。

彼らは非暴力の抵抗の意味を十分に理解していた。店側からの暴力的な排除行動に対しても、抵抗せずにただ座り続けることでのみ意思表示をした。この出来事が他の都市にも伝わり、短期間のうちに全国的な規模で実施されることになった。一八か月で七万人の学生がこの運動に参加したと言われている。(9)

この時期に同時に起こった運動が「フリーダム・ライダーズ」だった。一九五六年に連邦最高裁がモンゴメリーのバス・ボイコットを受けて公共バスでの人種差別を違憲だとしていたし、その前年には合衆国の州際通商委員会が複数州を通過する乗客に対する人種分離や差別を違憲として禁止命令を出していたが、実態はまったく変わっていなかった。

そこでCOREは一九六一年五月にこの実態に挑戦することを決めた。バスで国内を移動しながら、人種差別への反対を訴えようというのだ。「フリーダム・ライダーズ」と名付けた最初の一団（当然、白人も含まれていた）は五月四日にワシントンDCを出発した。

南に下って、ヴァージニア、南北カロライナ、ジョージア州のバス停では特に問題はなかったが、アラバマ州に入ると武装した白人たちの集団の襲撃を受けた。バスの一台は火をつけられて消失した。さらに、バーミンガムのバス停に到着した時には、ライダーズたちがバスを下車したときを襲われ、一人が重傷を負うことになった。目的地だったニューオーリンズには結局たどり着くことができなかった。

ライダーズの当初の目的は達成できなかったが、「アラバマでの彼らの勇気と苦難とが、教会グループや報道陣の同情を呼び起こした[10]」のだった。人種統合に反対する白人たちの暴力や、彼らに同調する現地の警察による逮捕・監禁・投獄などを恐れることなく、「フリーダム・ライダーズ」は激しい暴力に遭遇しながらも継続されていた。ライダーズたちが「非暴力」を貫いていたのは当然だった。

ケネディと黒人問題

ケネディ政権が誕生したときのアメリカ国内は、こうして歴史的に根深い人種対立が激しさをましていただけでなく、将来の行方が明確でなかっただけに人々の多くは不安を感じていた、ある意味で危険な状況だった。

ケネディは一九六〇年の選挙戦中に投獄されたキング牧師を救い出すことで、黒人の味方、いや少なくとも、黒人差別をしない政治家と判断された。伝統的に共和党を支持していた黒人たちが、このケネディ候補の働きで一気に民主党支持、ケネディ支持に回ったことが、ケネディ勝利の大きな要因だと考えられている。キング救済のニュースが伝わった段階で、それまで対立候補のニクソンに後れを取っていた世論調査で初めて逆転したことからも、黒人たちの支持の強さと彼らの期待感の大きさが知られるのである。

だが、政権入りしたケネディはこの問題に積極的に関わろうとはしなかった。民主党は南部の白人に基盤を持っていたからだ。南部白人を離反させたら、六四年の大統領選挙での再選は不可能になる。彼らを離反させない範囲で、黒人の味方であることよりも黒人の敵ではないというスタンスを維持する必要があった。そのため、ケネディはキングたち黒人運動の指導者たちに、白人側からの暴力を引き起こすようなことは控えてほしい、という要請さえしていたのだ。[11]

ある意味では、暴力を振るう白人が悪いのではなく、彼らを挑発する黒人が悪いのだという立場を取っていた。黒人があえてシット・インにしても、フリーダム・ライダーズにしても、「強硬」な手段を取るから、白人は暴力を振るうのだとして、あくまでも黒人に自制を求めたのだった。

しかし、白人たちの暴力行為に対して、全く抵抗せずに黙々とデモ行進を続ける黒人たちへの同情は特に北部白人たちの中で高まっていった。テレビや新聞が黒人に襲い掛かる白人警官や一般白人の「理不尽」な姿を大きく扱うようになったからだ。それまでは南部の差別に関しては「頭」でしか理解していなかった北部の人たちの「心」にこの問題が飛び込んだのだった。

こうした中、ケネディが態度を変える状況が沸き上がった。ひとつはミシシッピ州立大学への黒人学生の入学問題であり、もうひとつが白人たちの度を越えた暴力行為だった。

一九六二年九月にミシシッピ州のロス・バーネット知事がジェイムズ・メレディスという黒人学生の州立大学への入学許可を取り消した。メレディスの訴えを受けた連邦地裁は知事の判断を拒否し、入学を許可する判決をくだした。ところが、九月三〇日に黒人学生の入学を拒否する学生たちが大学近隣の白人たちと共にこれを阻止する運動を始めた。ところがこれがすぐに「暴動」に発展した。

この事態を無視できないと判断したケネディは、最終的にバーネット知事が動かないと見た時点で、連邦軍を派遣、さらにミシシッピ州兵を連邦軍に編入して暴動を鎮圧させた。鎮圧までには二日かかったが、この間に二名が死亡、一五〇人を超える負傷者が出た。

これまではある意味で「優柔不断」に見えたケネディが、大統領として明白に黒人差別撤廃、つまり人種統合という方向に国を動かすのだという決意を示したのだった。しかし、国内には、黒人が学べる「黒人大学」があるのに、あえて白人の大学に入学させる必要があるのかとか、たった一人の黒人学生の権利のために、これほどの犠牲者を出す必要があるのかという厳しい批判が寄せられたのも事実だ。

この事件から半年後、もう一つの衝撃的事件が起きた。一九六三年五月三日。アラバマ州バーミンガム市内で静かにデモ行進をしていたキング牧師が率いていた黒人集団に、市警察が警察犬を先頭にして、警棒や散水車で襲い掛かったのだ。夕刻のテレビ・ニュースを見た多くの国民は、警察犬が襲い掛かるのが幼い子供たちだったこともあって、大きな衝撃を受けると同時に、同じ白人として恥じることにさえなった。

翌日、新聞で写真を見たケネディは「ひどい写真」と言っただけだったというが[12]、弟で司法長官だったロバート・ケネディと共に、政府として傍観していられない、積極的に動くべき時がきた、と決意することになった。暴力を振るう白人が善で挑発する黒人は悪だとしていたそれまでの態度を一八〇度変えることになったのだ。

こうした状況が一九六三年六月一一日にケネディがホワイトハウスの執務室に置かれたテレビ

カメラの前に座り、全国の国民に向けて「重大発表」をした背景にあった。南部白人を怒らせ、彼から離反させることになるかもしれない「重大」発表だった。その意味では、この日、ケネディは彼の政治生命を賭けたと言える。

テレビ演説――一九六三年六月一一日

この夜、彼は「国民の皆様、今晩は」と静かに語り出した。そしてまず、この日の午後の出来事に触れた。それはアラバマ州立大学への二人の黒人学生の入学を阻止するために、ジョージ・ウォーレス知事が大学の事務棟の入り口に立ちふさがり、入学手続きができないようにしていた事件だった。ウォーレスはこの年の一月の就任時の演説で、「いまも差別を、明日も差別を、永遠に差別を」と叫んでいた典型的な南部政治家で、当然、州立大学は白人だけのものでなければならないと信じていた。

ケネディは、前年のミシシッピ大学のときと同じように、アラバマ州兵を連邦軍に編入してこれを大学構内に送り込んだ。ウォーレス知事が最終的に身を引いたので、今回は流血騒ぎになることはなく、黒人学生の入学手続きは無事終了した。

冒頭で、この出来事に触れたケネディだったが、この二人の学生を、こう表現した。「……たまたま黒人に生まれた……明らかに資格を備えたアラバマ州の若い住民」と。

彼らの権利が守られたことを喜びとともに伝えたのだが、ケネディの基本的な考えが表明されている。「たまたま黒人に生まれた」がそれだ。人間にはなぜか様々な人種がある。それによって肌の色が違っている。しかし、どのような肌の色であろうと、そしてまた、どこで命を授かろうと、人間は人間であり、その意味では何も違わない。ケネディの信念だった。だから、肌の色が異なるからと言って、彼らを差別すること、逆に彼らが差別されることが許されるわけがない。

この演説を通して、ケネディは黒人をニグロと表現している。彼の死後、七〇年代にはいると軽蔑語として使われなくなり、いまでは「死語」になったことばだ。だが、当時はまだニグロは黒人を表すうえでは、ごく当たり前のことばだった。誤解があるといけないので、この点は指摘しておきたい。

アラバマでの事件が無事に解決したことを告げたあと、彼はすべての国民にこう要請した。

「私は、住んでいる場所に関わらず、すべてのアメリカ人が、一度立ち止まって、このことや他の関連する出来事に関して自分たちの良心に問いかけてもらいたいのです」

黒人差別を撤廃できるか否かは、結局は白人の考え方にかかっている。そう理解したケネディは、まずこの問題を考える鍵は、国民の良心なのだとしたのだ。生まれながらに誰もが持っているはずの人間としての良心こそが、問題解決の根本なのだ。人間には誕生と同時に備わっているはずのものだから、住んでいる場所などは関係ない。誰もが良心を意識すれば、導き出される結論は同じはずなのだ。

その上で、ケネディはこう続けた。「この国は多くの民族と多くの背景を持った人々によって建国されたのです。しかも、この国はすべての人は平等に造られている、そしてすべての人のあらゆる権利は、ひとりの人の権利が脅かされたときに、その意味を失うのだという原則に基づいて建国されたのです」

移民の国

人間には誰にでも良心がある、としたケネディは、次にアメリカの特色を説いた。常識的なアメリカ像だ。まず、アメリカは世界中からの移民によって生まれ、発展してきたことを指摘した。自ら『移民の国』という著書を出版した(13)ことのあるケネディ、そして自らがアイルランドからの移民の三代目であること、さらにそのアイルランドの血を引くがゆえに差別された家族の出身であるケネディだからこそ、一般の教科書的知識としてよりも「移民の国」であるアメリカへの思いは強いはずだった。

一七世紀初頭、イギリス人たちが植民地を作ると、フランス、ドイツ、そしてスカンジナビアから人々がアメリカ大陸にやって来た。すぐに奴隷としてではあるが黒人たちも来た。そしてアメリカ合衆国が誕生すると、ヨーロッパ全土から、一九世紀にはアジアからの移民もやって来た。彼らは時に先に来た移民たちからの差別や偏見に逢いながらも、農民・工場労働者としてアメリカの発展に寄与してきたのだった。

もちろん、最初のイギリス人が渡ってくる以前には先住民（いわゆる、インディアン）が部族間で対立しながらもアメリカ大陸にいた。彼らの援助がなければ、イギリスによる植民地建設自体が成り立たなかったのだろうから、アメリカはケネディがいみじくも表現したように、単に移民の国ではなく、「多くの民族と多くの背景を持った人々によって」造られたと言える。いずれにしろ、二〇世紀にはほぼ世界中からの人々がアメリカに住み、アメリカ国民を形成していた。

そして、そのアメリカ国民が国民としてひとつになっていられる要因が、アメリカの信念への共感と憧れだった。そのアメリカの信念とは独立宣言とアメリカ合衆国憲法の二つだった。

アメリカの一三の植民地が「大陸会議」（各植民地からの代表による合議体）の下でひとつの軍事共同体としてイギリスに対抗することになったのが一七七四年のことだった。別個の存在として発展してきた一三の植民地が、イギリスに抵抗するために共同戦線を張ったわけだ。それが一七七五年に本国イギリスと武力闘争に入ったなかで、一七七六年にはただ単に植民地全体の意思をイギリスに訴えるための闘争から、「独立」に向けての闘争へとエスカレートさせていった。

この年の一月に発行されたトマス・ペインの『コモン・センス』[14]がその原因だった。ペインは独立に向けての武力闘争のみが有意義な戦いなのだと訴え、それによって植民地人たちの自信を醸成したのだ。こうして独立機運が高まったなかで、大陸会議は独立を決議した。七月二日のことだ。そして、二日間のさらなる討議を踏まえて、この独立を説明する文書（歴史的には独立宣言書と言われるもの）を採択した。一七七六年七月四日のことだ。

この文書の始めの部分で、この宣言（独立を正当化する文書）は「自明の真理」について言及した。これはアメリカに住むすべての人々が、ごく当たり前のこととして認識しているひとつの信念だと明言したのだ。

その真理は「すべての人は平等に造られ、創造主によって一定の譲り渡すことのできない権利を与えられており、その権利のなかには生命、自由、そして幸福の追求（の権利）があるのである。またこれらの権利を確保するために、人々の間に政府が作られ、その政府には被統治者の合意によってはじめて正当な権限が与えられるのであり、いかなる政府といえどもその目的を逸脱したときには、人々はその政府を改変、または廃棄して新たな政府を設立し、自分たちの安全と幸福とを最大限に実現するのに、もっともふさわしい原則に基づき、また最もふさわしい権力構造を持つものに変える権利を有しているのである[15]」

ちょうどアメリカで植民地が作られ、発展していく時期に生まれ、拡大していった「啓蒙思想」に基づく宣言だった。トマス・ホッブス、ジョン・ロックを始祖としてその後多くの思想家たちが論じていた人間個人の権利とそれを守るための政府の在り方を、みごとに一つの真理としてまとめ上げた文章だった。この原案を書き上げたとされる若い政治家トマス・ジェファソンの見識に感動さえ覚える名文だ。それだからこそ、この独立を説明するはずの文書が、いつの間にか文書の原題にはない「独立」がそれに加えられて「独立宣言書」となってしまったのだ。この人類共通の真理が、アメリカ建国の信念として、歴史に刻まれることによって、アメリカ建国の信念となったのだった。

ケネディは当然のように、この信念に訴えた。アメリカ人は自明の真理として、「人は平等に造られている、つまり創造主によって平等に造られたのだと改めてアメリカ国民に誰もが知っている事実を突きつけたのだった。

神学的には創造主が人間を平等に造ったのかという疑問は残る。男女、容姿や人種、そして能力――と平等ではないことはいくらでも指摘できるだろう。だが、独立宣言は平等の意味を、すぐに創造主によって与えられている権利を持ち出すことで、人間が平等なのは同じ権利を持っているからだとしたのだ。

人はみな平等＝独立宣言書

ここでは本筋から外れるが、興味深いのは原文だ。“……all men are created equal――they are endowed by their Creator a certain unalienable rights……”と表現されている。すべての人（all men）

はただ造られている（are created）とのみ記述されているのだが、権利（a certain unalienable rights）には明確に by their Creator と創造主によって、が付与されているのだ。権利は創造主が与えてくれているものと特別に書き添えた。もちろん、人間が平等だという文章も受動態で are created（造られている）となっているので、人間を平等にしたのは人間を超えた存在、つまり創造主である、ということは暗示されてはいる。だが、この文書を素直に読めば、ここに明確な相違があることに気づく。

アメリカの植民地は特別にイギリスの軍隊に守られることなく、国王の認可を受けたイギリス国民たちの手によって建設され、発展した。この事実自体、驚きであり、アメリカの歴史の大きな特色ではあるのだが、イギリス国民たちが自らの手で、先住民たちの攻撃や妨害から自分たちの命を守り、生活を築き上げたことは無視できない事実だ。なぜなら、そこから人々は自分の身は自分で守る、自分の生活は自分で守るという「自立」の精神が生まれたからだった。原始林を自分で切り拓き、家を建て、畑を作る——想像を絶するほどの困難だっただろう。

だが、この自立をしなければならない生活環境から「平等」の認識が高まったのだ。イギリス本国での身分や富、職業を超えて、アメリカ植民地では誰もが同じなのだった——誰もが自分で自分の生活を守るしかなかった。だから、独立の時点でも、平等はアメリカに住む人たちには、当然の環境だった。あえて、創造主によって与えられたものというよりは、アメリカではごく当たり前にそこにあったのだ。

もちろん、アメリカの住民と本国の住民が「平等」でなければ、独立などは認められないことになる。したがって、二日前に独立を宣言してしまった以上、植民地人と本国人には差がないということを強調する意味もあった。いずれにしろ、平等はアメリカではひとつの現実だった（黒人は自由人か奴隷かを問わず、「人間」の範疇にはなかった）。

だから、権利の方が重要だった。植民地人も本国人も同じ人間として同じ権利を持っているのだと強く主張しなければならなかった。では、その権利を人はなぜ所持しているのか。何ゆえ人間は権利を持つのか。当然、創造主が与えてくれたからだと言うのが当然の流れだった。だから、諸権利は創造主から与えられたとの修飾が必要だった。

独立宣言は、ではその権利とは何かという説明を必要とした。人間には自分の命に対する権利がある。そして、国が出来、政府が生じる前の原始の時代（あるいは創造主が人間を生み出した時代）に本源的に人間が持っていたはずの自由に対する権利がある。これは人間の権利に初めて言及したホッブスやロックなどの論じた点だった。ホッブスは人間は権力者の下で集団生活を始める時点でこの自由を放棄したとした。ロックはこの自由は永遠に変わらぬ価値として、人間がいかなる環境で過ごそうと保持し続けるべきものとした。

ロックはさらに人間は自分の財産に対する権利を持つとしたのだが、独立宣言はこの財産を幸福追求への権利としたのだ。これは実に大胆な発想だった。なぜなら、啓蒙思想ではこの権利を守るために政府が必要とされたと論じていたからだ。だが、もし生命・自由・財産の権利を守るだけであるなら、政府の役割はかなり限定されることになる。また、この三つの権利を侵さない限り、ひとつの政府は存続し続けることになる。

独立宣言は幸福追求という極あいまいな概念を権利に含めたのだ。これは人間生活のあらゆる活動を権利とすることになる。幸福になろうと努力する権利であるわけだから、自分自身の人間の全生活、全人生に対して、人間が持つ権利、現在で言うプライバシーへの権利、あるいは個人情報への権利というものになるのだ。もし、啓蒙思想が言うように、この権利を守るために政府があるとすれば、政府の役割はとてつもなく重要になるし、統治される人々にとっての政府に対する感覚も非常に微妙なものになる。

アメリカ植民地人が本国に弓を引いて独立をするというときに、幸福追求の権利が守られなかったと主張することは、結局、どんなことも反抗の理由にできるわけだ。生命、自由、財産は守っていると本国に主張されたら、反抗の理由は消滅する。だが、幸福追求の権利となると、当然、本国はこれを定義できないわけで、その権利を持っているはずの植民地人の「感覚」の問題になる。反抗はより容易になるのだ。

歴史を友としたケネディは当然、こうしたことを理解していたはずだ。だが、彼はこの演説では「……あらゆる権利は、ひとりの人の権利が脅かされたときに、その意味を失う」と言い換えている。独立宣言では、このようなことは語っていない。だが、黒人差別という現実に直面し、その撤廃を求めようとするケネディは、アメリカ人がよって立つ真理・信念である独立宣言にことさら別の解釈を加えようとしたのだ。

平等に造られた人間に平等に与えられた権利は、一人ひとりの人間にとって非常に重要なものなのだ。それは誰か一人の権利が政府や他の人間によって認められそうにない状況にあるとすると、それはすべての人間の権利が失われかねないということになるのだ。同じ権利を持っているのが人間であるなら、一人の人間のある権利が無視されるということは、すべての人間の同じ権利が無視されるということなのだと説いたのだ。

幸福追求の権利

幸福追求の権利の一部として政治に参加する権利があり、その権利が投票する権利だとすれば、黒人（アメリカ国民の一部）がたとえ一人でも投票できないということは、他のすべてのアメリカ人の投票権が脅かされるということなのだとケネディは言った。

これは学齢期に入ると独立宣言を暗記させられてきた一般のアメリカ人には驚きであると共に、かなり強烈なメッセージだったはずだ。ケネディは平等と権利はアメリカの建国の理念であり、それはどちらも決してそのほんの一部でも制限されてはならないもの、しかもそこに人種が入り込む余地はないと宣言していたからだ。

「今日、我々は自由になりたいという人びとの権利を守り、さらにその思いを促進していこうという世界的規模の戦いに携わっているのです。そして、アメリカ人がベトナムや西ベルリンなどに送り出されるとき、白人たちだけが命令されているのではありません。したがって、皮膚の色が何色であっても、アメリカ人の学生なら自分が選んだ公共教育機関に、軍隊に護衛される必要もなく、入学できるべきなのであります」

ここでケネディは冒頭のアラバマ大学の問題に立ち返って、改めて平等と権利に関して国民の良心に訴えた。世界的規模の戦いとは、第二次世界大戦後のいわゆる「パックス・アメリカーナ」の標語のもとで、世界に自由と民主主義を拡大しようと努力し、その努力のゆえにソ連と対立しなければならなくなった戦いを指す。西ベルリンの自由を守るために戦っている状況を改めて国民に知らしめたのだ。

ここで注目しなければならないのが、「ベトナム」だ。ベトナムと聞くと、我々はジョンソン政権・ニクソン政権と続くアメリカ政府のベトナム政策を思い出してしまう。それは北ベトナム対南ベトナムで親ソの北と親米の南という図式でとらえがちである。だが、ケネディの時代、ベトナムは南ベトナムのゴ・ジン・ジェム政権とそれに反対する民衆の対立という状況だった。もちろん、その民衆の中に北ベトナムとの統一を願うベトコンというゲリラ組織が社会的混乱を強めていた現実があったが、ケネディがここで言うベトナムはそんなベトナムだったのだ。

拡大する一方の国内不安を抱えた南ベトナム、この社会状況に適切に対応できないゴ・ジン・

ジェム政権――そんな状況のベトナムに、アメリカ兵をなぜ送るのか。本当はケネディ自身、大いに悩んでいた時期だったのだ。この演説の四か月後、ケネディはアメリカ兵の一部撤退を指示していたし、一一月にはゴ・ジン・ジェム大統領暗殺のクーデターを黙認さえしていた。このときのケネディの「ベトナム」は、この流れの中で、捉えるべきだと思う。

ケネディがここで問題にしているのは、アメリカの理念を守り、その理念の正当性を信じるがゆえに世界の他の地域の人々の権利を守る（ひとりの人の権利の阻害が全員の権利の阻害に通じるのだから）ために、アメリカの若者たちが海外に送り出されている。だが、この時に国内のあらゆる場面で差別されている黒人も、国内で差別されることのない白人と同じように送り出されている現実があった。この現実は余りにも不公平であり、不平等なのだ。国内で差別されているのに、海外派兵となると同じように送り出される。海外派兵が大事なら国内での差別は撤廃されなければならない。

ケネディは一九六〇年の大統領選挙戦で、これと同じような議論を展開した。彼はアイルランド人の血を引き、それゆえにカトリック教徒だった。アイルランド系の人々（アイリッシュ）は髪の毛が赤い、いわゆる赤毛で知られ、それがために軽蔑され、差別の対象になった。カナダの話だが、有名なモンゴメリーの『赤毛のアン』の始めにはアンがその赤毛ゆえにからかいの対象となっている様子が描かれている。しかも、プロテスタントの国での少数派カトリック教徒だった。

カトリック教会はバチカンにいる教皇を頂点とする上意下達の組織であり、そのためアメリカでは、教皇の意向が絶対的な力を持っているがために、ある意味では独裁的な組織だと理解されていた。そのため、カトリック教徒が大統領になると、教皇がアメリカを支配することになるという恐怖心を、プロテスタント教徒である一般国民は持っていた。アメリカの独立性が失われる、と。

ケネディが当初の思惑以上に有力な政治家で、最終的に民主党の候補指名を獲得しそうだという時期になると、彼の信仰が大きな問題になってきた。この状況を打破する機会として、彼は一九六〇年五月八日、ウェスト・ヴァージニア州での予備選挙の直前にテレビで演説をした。

「私はカトリック信者です。しかし、私がカトリックとして生まれたときに、すでにアメリカ合衆国の大統領になる資格がないということになるのでしょうか。連邦議会の議員にはなれたのです。私の兄はこの国のために命を捧げました。それでも私は大統領になれないのでしょうか……アメリカ合衆国の海軍に入隊するとき、誰も私がカトリックかプロテスタントかなど聞きませんでした。それなのになぜいまごろ、私のアメリカへの忠誠心が問題になるのでしょうか[16]」

この演説は、ある意味で、初めて自身がカトリック教徒であることを開き直ったかたちで表明したものだ。それまでは、選挙民の反感を恐れて、信仰を自ら問題にすることはなかった。だが、逃げるよりも真正面からこの問題を受け止め、以後、信仰が争点になることがないようにしようと、この演説を決断した。この演説だけが効力を持ったとは言えないかもしれないが、カトリック教徒が極端に少ないこの州で、彼は六〇パーセントを超える票を得たのだった。

自分の兄は危険な任務を負った爆撃機に乗り込み、結局はその機体が爆発したことで戦死した。自分も海軍で、日本の駆逐艦「天霧」と衝突したことで命を失いかけていた。だが、兄も自分も、カトリックかどうかなど問題にされなかったではないか。そう語ることで、宗教や民族以上に、アメリカ国民であることが重要なのだと訴えたのだ。

しかも、憲法の修正一四条では信仰による差別は禁止されている。それなのに、たまたまカトリックの家族に生まれたら、その時点で大統領になる資格はないことになり、その機会も否定される――それが現実であるなら、完全に憲法違反だ、という主張も盛り込んでいた。

差別は憲法違反であり、同時に宗教や民族や皮膚の色よりも、アメリカ国民であること、アメリカ人としての愛国心と忠誠心こそが重要なのだとの訴えだった。

だから、いま黒人が置かれている状況は正に彼らのアメリカ国民としての存在が、都合よく無視されていることになる。国内で皮膚の色を問題視しているのに、海外派兵では色は無視している――こんな矛盾は許されるべきではない。ケネディは黒人だって、アメリカ国民として、自分が選んだ大学で平穏に学ぶ権利があるのだと訴えたのだった。

黒人も平等の投票権

「いかなる皮膚の色をしたアメリカ人も消費者として、ホテルとかレストランとか劇場とか、小売店などの公共の施設で、街頭デモに訴える必要などなく、平等の応対を受けることができるはずなのです。さらに、いかなる皮膚の色であろうとも、アメリカ国民なら、妨害や報復を恐れることなしに、選挙人登録ができ、投票ができるべきなのです」

黒人も白人と平等であることを白人に納得させる議論としては、当然の流れで、「公共施設」(単に大勢の人が集まる施設)での差別は不当であると訴えた。また、黒人が白人と平等であるなら、当然、投票する権利も平等でなければならないのだと強調した。

ここで彼が言う「選挙人登録」だが、これは日本にはない制度なので、説明が必要だろう。アメリカでは成人年齢(当時は二一歳。現在は合衆国としては一八歳)に達した時に、自動的に選挙権が与えられる訳ではない。自ら選挙委員会に出向いて有権者になるための手続きをしなければならない。これが「選挙人者登録(有権者登録とも)」だ。選挙権は自分で獲得する権利となっているのがアメリカなのだ。

日本では選挙権は自動的に与えられる権利と考えられている。一八歳になった直後の選挙時には、投票所への入場券が住居宛てに送付されてくる。国民として当然に所持する権利なのだ。

ちなみに、アメリカではこの登録をするときに、所属政党を自ら申告する。選挙人登録をした国民は自分が選んだ政党の党員となるか、支持政党がないときには所属政党なしとして登録されることになる。入党するための費用も、年会費なども一切必要とされないのだ。党員となるメリットは、様々な公職の選挙での党の候補者を決める「予備選挙」に投票できる、つまり候補者選びに参加できるということと、もし将来、自らが公職に立候補しようとしたときには所属政党の援助を受けることができることがある。

当時、黒人たちはどうせ登録に出かけても役人に無視されるか、登録して投票資格を得たところで、実際には投票所に入れてもらえないという現実に、登録さえあきらめていた。修正一五条が「……投票権は……制限もしくは剥奪されてはならない」と明言していても、黒人たちは投票権を得る前の段階ですでにその権利を奪われていたのだ。憲法違反がアメリカ国内で平然と行われていたのであり、その現実を多くの指導者たちは無視してきたのだ。ケネディの「投票ができるべき」なのだという訴えは、革命的な響きさえ持っていたのだ。

ケネディはさらに続けて平等な権利を訴えた。「……すべてのアメリカ人が、人種や皮膚の色に関係なく、アメリカ国民としての特権を享受できるべきなのであります。さらに言えば、すべてのアメリカ国民は自らが望むような応対を受ける権利を持っているのです。それは人が自分の子供が正当な応対を受けてほしいと願うのと同じなのです。だが、それは今、現実ではありません」

新約聖書には「なにごとでも、人々からしてほしいと望むことは、人々にもそのとおりにせよ[17]」と有名なことばがある。自分がしてほしいと他人に望むとおりに、他人にしてあげろ、という教えだ。アメリカの白人に改めてイエスのことばで黒人にどう接するかを教え諭したのだ。それは自分だけでなく、自分の子供も他人から自分が望むように接してほしいという人間として当然の思いに通じる。だから、黒人の子供に対しても、自分の子供にそうしてもらいたいと思うように接しろ、とケネディは続けたのだ。

黒人にも投票権を妨害することなく、それを行使させよう、黒人の若者たちが自分たちの望む学校で学べるようにしようという主張にもつながっていく。同じ人間なのだから、という彼の思いが、こうした表現になっているわけだ。

でも、現実は違う、とケネディは言った。イエスの教えを無視し、憲法の条文を無視している、と。そのために、現実は黒人にとって耐えがたいものになっているのだ、と彼は当時の統計に基づいて、「現実」を語った。

ここで語られる事実は今でも驚愕である。黒人と白人の人生がいかに異なっているのかを数で示したのだ。高校を卒業できる黒人の数は白人の二分の一、大学（それも白人との共学ではない大学）卒業の数は白人の三分の一、平均寿命は白人よりも七年も短く、生涯収入は半分に満たない。数字として表せないために、ケネディは指摘しなかったが、黒人の居住区は、貧民街（ゲットー）と呼ばれていた特殊な地区を除いたとしても、白人のそれとは比較にならないほど劣っていた。集中管理の空調設備を備えた白人の個人住宅に対し、黒人のそれでは満足な暖房さえ得ることはできなかった。それだけに、「これは地域的な問題ではありません。人種隔離や人種差別に派生する多くの困難な状況は合衆国すべての都市、すべての州に存在しているのです。そして、その多くの都市で、公共の安全を脅かす、増大する一方の不満を生み出しているのです。また、この問題は単なる党派的な問題ではありません。この国内の危機的状況にあって、善意と寛容さを有する人々は党だとか政治だとかを超えてひとつになることができるはずなのです。またこれは、法的な問題でもなく、議会が対処するべき問題でもありません。たしかに、これらの問題を街頭ではなく法廷で解決することは望ましいことですし、あらゆる点で新しい法律が必要とされているのも事実です。しかし、法律があるからと言って、人が正しくものを見られるわけではありません」と続けたのだ。

人種に関わるあらゆる問題は、たとえば奴隷制度にこだわった南部だけの問題ではない。アメリカ合衆国全体の問題なのだと言った。北部の人々、あるいは黒人人口が元来少ない地域の人々は、ともすれば黒人に関わる問題を他人事として受け止める傾向があった。自分とは関係がない、と。そういう人たちにも黒人たちへの関心を持ってもらうために、ケネディはこの演説で、イエスの言葉を思い起こさせ、統計を持ち出し、そして黒人問題の本質が人間としての権利の問題なのだと指摘したのだ。どこにいる誰にも関わる重要な問題なのだと。

白人側の差別意識や偏見が黒人の側に大きな不満を生じさせている。それが街頭でのデモ行進になり、シット・インやフリーダム・ライダーズになっているのだ。さらに、その黒人側の活動が白人の反発を招き、暴動につながっている。それは当然、社会全体の大きな不安につながっている。この悪の連鎖を断ち切るのは政治ではない。法律でもない。こうケネディは言う。憲法で正しい規定があったとしても、それに基づく法律が存在したとしても、人が正しくものを見、正しく判断し、正しく行動するわけではない。こう言うケネディのことばは厳しく人間を見つめている。問題の深層をしっかりと捉えている。なぜなら、人種偏見をなくし、差別をなくすのは、結局人間が人間として正しい生き方ができるかどうかにかかっているからだ。だから、ケネディはさらにこう言ったのだ。

「いま我々は基本的に道徳的問題に直面しているのです。この問題はまさに聖書の時代からの古い問題であり、またアメリカ合衆国憲法のことばほど明確なのです」

そう、結局は道徳なのだ。演説の冒頭でケネディが述べたように、良心の問題なのだ。人が良心に従って行動し、生きていけるかという問題なのだ。「聖書の時代」とは、文字に歴史が刻まれた時代と解釈してよいと思うが、人間が地球上で生活を始めたときからの問題が正にこの道徳の問題だった。良心の問題だった。

結局は、アダムとエバが神との約束を破ってリンゴの実を食べてしまったときから、人間の苦悩が始まったとユダヤ・キリスト教は教える。苦悩とは道徳を守って、つまり神との約束を守って生きていくことのできない人間が負わなければならない重荷なのだ。だから、我々がいま正しく生きていくためには、もう一度、本来の人間の姿に立ち返るべく、道徳を意識し、良心を糧としていかなければならない、とケネディは主張する。

アメリカ合衆国憲法は、残念ながら十分に道徳的なものではなかった。一三の独立した国々が、自分たち全体を取りまとめる統合体を作ろうというのだ。各独立国にとって、この統合体が自分たちの独立を脅かす存在であってはならない。それがアメリカの一三の植民地が英国から独立して新しい一三の独立国家として出発した時点での指導者たちの思いだった。独立戦争を「大陸会議」の下で協力して戦った経緯から統合体は、外交・戦争・平和という問題解決のためには必要だと認識してはいた。だが、自分たちはそれぞれが「独立」した国家なのだとの強い思いを持っていた。

そのような意識の中で、この統合体をより完全なものにするために生み出された憲法は「妥協」の産物だった。決して独立宣言で表明された理念や原則を実現するものではなかった。各国の独立性はそれぞれが軍隊を持つことで確保された（いわゆる州兵組織だ）。そして、統合体である合衆国政府の役割はかなり限定されることになった（第一条第八項、九項）のに対して、各国の権限は「本来独立国家として持つもの」とあいまいに表現された（第一条第一〇項）。

そして、黒人奴隷に対してはその輸入は二〇年間保証され、かつ人口にさえまともに加えられなかった（黒人一人は白人の五分の三人＝第一条第二項）。黒人奴隷の存在は認められ、同時に「人間」扱いはされなかったのだ。「建国」が優先されたために、「理念」は無視されたのだった。

南北戦争後、リンカンの奴隷解放令に一致させるために憲法が改正され、修正一三条、一四条、一五条の三つの修正条項を戦後五年で成立させて黒人を奴隷から解放し、差別を禁止し、そして投票権を保証した。黒人はこれで白人と平等になったはずだった。

憲法制定時には道徳は無視された。だが、それから八〇年を過ぎて、アメリカ合衆国憲法は道徳に基づく、そして独立宣言の理念に基づくものへと成熟したのだった。ケネディが憲法の明確なことばとしたのは、このことだった。

「つまり、問題の核心はすべてのアメリカ人が平等の権利と平等の機会とを享受できるかということであり、我々が仲間のアメリカ国民に、自分が施してほしいように施してあげられるかということなのです」

ケネディは黒人差別の問題が道徳問題なのだと定義し、そしてここで非常に簡単なことばでその意味を説いた。平等とは同じ権利を持つことであり、そして誰もがその人生において同じ挑戦の機会を持つことだと、アメリカ国民なら誰もがどこかで習ったことを言った。その上で、またイエスの教えを持ち出したのだ。道徳の根源はイエスにある——そして、それは自分が他人にしてもらいたいと思うことを、他人にしなければならない、という教えだった。

「もしもひとりのアメリカ人が、その人の肌が黒いからと言って、公衆に開かれているレストランで昼食をとることが出来ないとしたら、またその人が自分の子供を可能な限り最高の学校に送ることが出来ないとしたら、またもし自分が議員になってほしいと思う人に投票することすら出来なかったとしたら、要するにまた、もし我々が心から望む自由で満たされた生活を楽しむことが出来ないとしたら、我々のなかにその人と肌の色を取り換え、その人と生活を入れ替えても構わないという人が果たしてひとりでもいるものでしょうか？　我々の中に我慢しろとか、ただ遅れているだけだという言い訳に満足できる人が果たしているでしょうか？」

ケネディのことばは余りにも明確だ。黒人差別の実態を述べたあとで、では白人の中に黒い肌になってもいいと思う人がいるか、と問いかけた。当然、いるはずはない。ケネディの真意は、黒人が置かれている状況に自分を置いてみろ、ということだった。自分が差別される側の黒人だったら、果たして何をどう感じるかを考えるべきだ、と白人たちに求めたのだった。

五〇年代以降の黒人の権利を求め、差別撤廃を求める運動に対して、「もう少し我慢するべきだ」「そのうち、黒人の求める社会は実現する。ただ、遅れているだけだ」と白人たちは言い続けてきた。いや、フリーダム・ライダーズたちの活動に対して、自粛を求め、そして、遅れているけれどそのうち必ず——と言い続けてきたのが、ケネディ大統領その人でもあったのだ。「もう待てない」というキング牧師らの叫びに、ただ待つことを求めていたのがケネディだった。

「もう待てない」

しかし、ここで彼は初めて、黒人たちはもう待てないことを悟ったのだった。待てないことからくる不満を解消させなければ、社会不安は大きくなるばかりであり、騒動は広がるばかりだとやっと理解したのだ。

「我慢しろ」とか「遅れているだけ」という「言い訳」のことばに、それまでの自分に対する後悔と反省と、そして今後の行動への決意を読み取ることができるだろう。

「リンカン大統領が黒人奴隷を解放して以来、実際の解放が遅れたまま一〇〇年が過ぎました。しかし、解放された奴隷たちの子孫たち、彼らの孫たちは、まだ十分に自由ではありません。彼らは不正義の束縛から未だに解き放たれていないのです。彼らはまだ社会的、経済的な抑圧から自由になってはいないのです。したがって、この国は、いくら夢を持ち、いくら得意になったところで、その国民すべてが自由にならない限り、十分に自由だとは言えないのです」

白人たちからの「言い訳」はもう聞きたくないと思っている黒人の立場に自分を置いてみることを提案したケネディは、ここで改めてアメリカの、ある意味で不幸な歴史に触れた。

リンカン以後の一〇〇年が、黒人たちには無為に過ぎていったのだ。夢を見ることさえ禁止されて一世紀が過ぎたのだ。一〇〇年という年月を持ち出すことで、もう待てない黒人の気持ちを代弁した。そして、労働者の自由と権利を説くソ連との闘いにあっては、すべての国民が本当の意味で自由でない限り、アメリカは自由の国だとして競うことはできない。ケネディは黒人問題を国際的なアメリカの地位を揺るがしているのだとして、白人たちの愛国心に訴えたのだった。この国際的な地位、あるいは影響力が重要であるがために、さらに続けて彼は言った。

「我々は世界中で自由を説いています。ここ国内で、我々は自分たちの自由を大切にしています。しかし、我々は世界に向けて、いやもっと大事なことですが、互いに対して、この国は黒人以外は自由な人々の国なのだなどと言えるのでしょうか？　黒人以外は第二級の市民はいないなどと言えるでしょうか？　我が国は黒人を除けば、階級もなければ、カースト制度もない、貧民街（ゲットー）もないし、すべてに優先する人種もいないなどと言えるのでしょうか？」

ソ連によるアメリカ批判を意味のないものにするためにも、アメリカに第二級市民としての黒人がいる、黒人は特別な階級に閉じ込められ、貧民街に押しやられているということが現実であってはならないのだ。「言えるのでしょうか？」の繰り返しは、冷戦下の当時のアメリカの多くの白人の心に重くのしかかったはずだ。

そして、ケネディは訴える。いまこそ、変わるときだと。いまこそ、行動するときだと。

「今この国が最初の約束を果たすべき時が来たのです。バーミンガムやその他の場所での出来事は平等への叫び声を増大させました。そのため今やどの町もどの州も、そしてどの立法機関も十分に考えたうえで、これらの叫び声を無視できなくなりました。

欲求不満と反発の火がすべての都市で燃えています。北部や南部を問わず、法的な対応策が用意されていないところではなおさらです。救済はデモ行進、そして抵抗運動にと街頭で求められているのです。しかし、それらは緊張状態を引き起こし、暴力を予期させ、また生命さえ脅かしています」

あのモンゴメリー市でのロサ・パークスの「ノー」のひと言が、黒人たちの運動に火をつけた。以後、黒人たちの平等を求める声と行動は激しさを増した。そして、それに対する白人側からの反発も激しくなった。いま、黒人たちの声を無視することは不可能なのだ。無視し続ければ、街頭での衝突はさらに激しくなるだろう。人種間の緊張状態、そして暴力、はては命さえ奪われることになる。

「したがって、いま我々は国家として、また一つの国民として、道徳的な危機に直面しているのです。抑圧的な警察の行動では間に合いません。街頭で増える一方のデモ行進に任せておくこともできません。口先だけの行動や話しでは鎮めることはできません。連邦議会で、あなたの州とあなたの地域の立法機関で、そして究極的には我々すべての日常生活で、行動するべき時なのです」

国家分裂を引き起こしかねない危機を乗り越えるには、白人側の警察力・軍事力ではなく、また黒人の側のデモ行進や示意行動でもない。ただ単なる口約束でもない。恒久的に黒人たちの存在と生活を認めるためには、法を変え、また新しく法を作らなければならない。国として、社会として、問題を解決するのは、結局は法の力、政治の力なのだ。議会が行動をおこさなければならない。ケネディはこう語りながらも、では議会を、政治を動かすのは「我々すべての日常生活」だと指摘し、白人のアメリカ国民すべてに道徳心に立ち返る、良心に立ち返ることを求め、いまこそその時なのだと改めて強調した。

公民権法案の提出へ＝革命を起こす

前日のアメリカン大学での演説でソ連に対する偏見を捨て、先入観を捨てて、人間として対応すること、アメリカ国民としてではなく、人間として国際問題に直面していくことを訴えたケネディだったが、この夜も同じように、白人の国民に対して、それまでの良心に外れた、道徳に合致しない思いや主張を捨てて、自らが変わるべきだと訴えたのだ。

これまでのように「他人を個別に非難したからといって、あるいはこの国のどこか一部地域の問題だというだけで、また我々が直面している事実を嘆くだけで、済む問題ではありません」と、黒人問題に対して傍観者を決め込んでいた主に北部の白人たちに、厳しいことばを投げかけた。「大きな変化が今こそ必要なのです。我々の仕事、我々の責任は、革命を起こすことであり、その大きな変化を平和的なものにし、我々すべてにとって建設的なものにすることなのです」

国民の意識を変えることを革命と呼んだ。革命を起こすことが、白人であるアメリカ国民の責務だというのだ。革命は時に破壊的という印象を与える。だが、ケネディはこの革命は新しいアメリカ社会を作り上げる建設的なもの、また暴力を伴わない平和的なものだと定義した。この革命により多くの白人が参加することを求めた。そのために、「何もしない人々は暴力を招くと共に、恥を招いているのです。勇敢に行動する人たちは現実と共に、正義を理解しているのです」

と、この革命に参加しない人は恥なのだとまで言ってのけたのだ。もちろん、いま革命を起こさなければ人種間の対立は暴力を呼び込むだけになる。暴力を否定し、恥をかきたくないなら行動しろ、と呼びかけたのだった。

「来週、私は合衆国議会に対して行動を起こすことを求めます。我が国ではこれまで十分に対応してこなかったことに立ち向かう、つまり人種はアメリカ人の生活や法律にまったく関係がないという原則に立ち戻るための行動です。連邦裁判所は一連の率直な判決でこの原則を有効としてきました。行政府もその政策において、この原則を採用してきました。たとえば、連邦職員の採用において、連邦の設備の使用において、また連邦政府が資金援助した住宅の販売においてです」

ここでケネディはこの夜の演説の本当の目的を明らかにした。「合衆国議会に行動を起こすことを求める」と言った。来週という漠然とした表現だが、期限を切って、議会に自分と共に立ち上がる、つまり議会に革命の先頭に立つことを求めると宣言したのだ。歴史的にアメリカが十分に対応してこなかった原則は当然、黒人は白人と平等という原則だ。これを議会が法的に保障する、つまり黒人に対する差別を一切禁止するという法律を作ることを求めたのだった。これこそが、ケネディが求めた革命だった。

議会が行動をするためには、当然、選挙民たる国民の協力と支援がなければならない。そのために、傍観者だった多くの国民に革命を起こすことを先に求めていたのだ。

ケネディがここで指摘しているように、連邦裁判所が人種差別を違憲とする判決をすでに下していた。その後、ミシシッピ大学やアラバマ大学での出来事のように地方の裁判所も差別を違憲としていた。その意味では、すでに革命は始まっていた。また、ケネディ政権は、彼自身が述べているように、連邦政府に関係する様々な側面での差別を禁止する措置を行政命令として取っていた。この意味でも、革命は始まっていたのだ。あとは議会が対応することで、革命は一段と進むことになる。

ケネディは「……他にも必要な手段があるのです。それは議会だけが付与することができるものなのです。しかも、この会期の内になされなければならないのです。現在の生活を規定している平等法の古い条項では、欠点は正すべきだとしています。だが、余りにも多くの地域社会において、この国の余りにも多くの地域において、悪いことはすべて黒人市民に押し付けられ、法に関してはいっさい手直しがされていないのです。連邦議会が行動しないかぎり、手直しをする手段は街頭にしかありません」と続けた。

欠点は直すべきという条項を持った古い法律は存在する。だが、黒人が容疑者となると必ず有罪になり、大陪審の審判員や裁判での陪審員からは黒人が排除され、投票は妨害され、自分の希望する住宅も購入できず――欠点だらけの社会を法は変えることさえしてこなかった。だから、いま革命が起こりつつある以上、連邦議会が行動しなければならない――つまり、連邦法として人種差別を禁止する法律を作り上げなければならないのだ、とケネディは強調した。

この時、彼は「この会期の内に」と議会の行動に期限をつけた。議会の会期は下院議員の議員年数二年を一期として数える。[18] 一九六二年が下院議員（全議席改選）選挙だったので、一九六三年から新しい会期が始まり一九六五年の年頭までが、ケネディのいう「この会期」にあたる。つまり、ケネディは議会に対して一年半の猶予を与えたわけだ。この期間中に議会がそれなりの成果を上げなければ、結局は街頭の暴力が激しくなるだけだと念を押した。

「……私は議会に、公衆に開かれている施設においては、すべてのアメリカ国民が同じように応対される権利を彼らに与える法律を作るよう求めているのです。その施設とは、ホテルやレストランや劇場や小売店などのことです」

議会に行動を求めながら、それでも行動の意味をあいまいにしてきたケネディは、ここで明確に議会がするべきことを宣言した。一般の国民が広く利用できるはずの施設では、人種差別は絶対に許さない法律を成立させよ、というのだ。ホテルやレストラン、そして劇場や小売店で差別が禁止されるのは当然なのだ、とケネディは自らの信念を改めて告げた。なぜなら、「この権利は私にはごく基本的な権利だと思えます」がその理由だった。「この権利を否定することは意図的に人の尊厳を傷つけることなのです。一九六三年の時点では、アメリカ人の誰ひとりとして、そんなことに耐えるべきではないのです。ただ、現実には多くのアメリカ人が耐えているのですが――」。ケネディのことばは穏やかだが、誰も否定できない真実を含んでいた。独立宣言で謳い上げた権利を有するからこそ、人間には人間としての尊厳がある。この尊厳は個々人が生きていくうえで、おそらくは最も重要なものなのだ。
ここでケネディは希望のある前向きの動きとして、個人的な経験に触れた。

希望の光

「最近、私は数十名の実業界の指導者たちに会いました。そして、彼らにこの差別を終わらせる自発的な行動を取るよう要請しました。そのとき、彼らの反応は私を鼓舞してくれるものでした。この二週間ほどで、七五以上の都市で先ほど挙げた様々な施設での差別を撤廃する方向で、明らかな進展を見たのです」

この彼自身の経験は近い将来の明るい展望を予測させるものだった。自分の求めに応じてくれた実業家たちがいたという事実は、特に彼を喜ばせ、鼓舞させるものだっただろう。

大統領就任直後の鉄の値上げを希望する鉄鋼業界との軋轢、また前日の一〇日に男女平等の給与を保証する法案に署名したことが象徴する労働者寄りのケネディとの確執など、ケネディ政権は必ずしも実業界と良好な関係だったわけではなかった。それだけに、この問題で実業界から協力する者がいたという事実は、今後の革命の進展のためにも、全国民の前に明らかにしておきたかったのだろう。

だが、当然、そう良いことばかりではない。「しかし、多くの都市では、自分たちだけが行動を取ることに躊躇しているのです。そのために、全国的な法令が必要なのです。そうすれば、この問題を街頭から法廷に移すこともできるのです」と付け加えざるを得なかった。

長いこと、アメリカでは「ニガー・ラヴァー」（Nigger-lover）ということばが存在していた。「黒ン坊好き」とでも訳すこのことばは、主に南部で使われていたが、黒人に好意的な発言をしたり、黒人のためになる法案を提出したりする政治家や評論家などの社会指導者に対して向けられることばだった。まさに現在でいう差別用語の典型だが、このことばを向けられると政治家は政治生命を絶たれることになり、その他の指導者たちも影響力を完全に失うことになるのだった。このことばはまだ一九六三年の時点では「生きていた」。そのため、ケネディに発破をかけられたとしても、こう呼ばれることを潔しとしない政治家や指導者はなかなか動こうとしていなかったのだ。

その現実の厳しさをケネディが理解していないわけはない。だが、その現実は現実として、彼は公共の場における差別の禁止だけでなく、教育における差別の禁止も議会に求めていった。「また、同時に私は連邦政府が公教育での差別を終わらせるために、これまで以上に自由に法廷闘争に加わることができるようにすることを求めています。我々は多くの差別を終わらせるよう多くの学区をうまく説得してきました。暴力行為なしで黒人の入学を容認した学区もかなりありました。現在では五〇州すべてで少なくとも一人の黒人児童が公立の学校に通っています。しかし、その進展は余りにも遅いのです」

本来、アメリカでは教育は地域が責任を持つべき問題だった。子供がどのような教育を受けるべきかを決めるのは子供たちの親であり、それゆえに親の意向、つまり親が住んでいる地域の意向が最優先されるべきと解釈されてきた。連邦国家だろうと、州だろうと、国が教育に関する権限を持つと、結局は国にとって都合の良い国民を作ることになってしまう。国が何をどう教えるかを決めるわけだから、全体主義的な国家を作るのにこれほど都合の良いことはない。個人の自由と権利を大原則とするアメリカ社会が、州はもちろんのこと連邦政府に教育権を渡さなかったのは、おそらくは賢い選択だった。

だから、アメリカ合衆国政府には、日本での文部科学省のような教育をその内容に至るまで細かく管理する省庁は置かれなかった。ただ、アイゼンハワー政権の開始と同時に「保健教育福祉省」が設置されたが、ソ連に先を越された宇宙開発での遅れを取り戻すために教育に少しでも関わろうとする政権の意欲の結果だった。だが、教育は日本でいう厚生福祉の一端でしかなかった。

ケネディの時も当然この形で継承されていたのだが、一九七九年カーター大統領がアメリカの教育の質の低下を憂いて、この役所を分割して保健福祉省と教育省に分けた。そのため、以後、連邦政府のなかに教育行政を司る役所が存在することになったが、その役割は文部科学省とは全く異なり、教育内容や教員資格などに介入することはない。その後のレーガン、ブッシュ(父)、トランプと歴代の大統領がこの教育省を不要としていることでも、教育は地域という根強い理念があることが象徴されているだろう。

連邦最高裁が公教育での人種差別を違憲と判断しても、「その進展は余りにも遅いのです」とケネディが嘆くほど、連邦政府の教育現場における指導力はほとんどないと言ってよい。

それでもケネディは教育現場の人種差別と地方が持つ教育権は別個のものと考えた。人種差別は権利の問題で、個々の児童が適切な教育を受ける権利を持っているのだ。地方が持つ教育権は教える教科とその内容や、教員人事や校舎の管理などであって、差別撤廃に関しては連邦政府が介入できると判断した。だから、差別撤廃のための裁判に障害なく参加できるような法律を作るよう議会に望んだのだ。

「九年前の最高裁の判決時に人種差別されていた小学校に通うことになった黒人児童のうち、余りにも多すぎる数の子供たちが、この秋からまだ差別されている高校に通うのです。彼らは結局、今後決して取り返すことのできない損失に苦しむことになるのです。適切な教育を受けられないことで、黒人たちはそれなりの仕事に就く機会を否定されているのです」

議会を動かし、白人たちを動かすために、ケネディはまた黒人社会の現実に言及した。「ブラウン判決」は以後、公教育機関での差別撤廃を大いに促したと歴史教科書は書く。しかし、いまケネディが指摘しているように、まだ多くの公立高校は黒人の入学を拒否していたのだ。学歴が就職を始め、その後の人生を決定するアメリカ社会にあっては、肌の色ゆえに高校進学を諦めなければならないとしたら、当然、黒人たちに未来はない。最高裁の判決から一〇年になろうというのに、なぜまだ教育界での差別がなくならないのか。

ケネディの答えは、当然、「白人たちが社会の仕組みを変えようとしないからだ。黒人に対する偏見から抜け出そうとはしないからだ」であることは明らかだ。だが、それを対象である白人たちに直接ぶつける代わりに、彼は次のように続けた。

「最高裁判決をきちんと実践に移すことを、法的な行動を取るだけの経済的資金を持たない人々、あるいは常に軽蔑される対象になっている人々に任せるわけにはいきません」

多くの白人たちは傍観を決め込んでいた。あるいは、個人の権利と自由の国なのだから、都合の悪いことは自分で解決する努力をするべきだ――裁判所に訴えるなり、警察に訴えるなりすればよい、と彼らは主張していた。黒人の問題は黒人自らが解決すればよい、と。

しかし、その黒人たちが、たとえばキング牧師の指導の下で、平和的なデモ行進をして自分たちの思いを表現しようとすると、地元の警察は暴力でこれを中断させ、デモに参加した多くの黒人たちを逮捕・拘禁してしまう。それでも白人たちは真の正義を求めることなく、ただ「デモなどする黒人たちが悪い」と決め込んでしまう。そんな白人たちに対して、黒人の問題は黒人が解決すればよい、ですむのか、と問いかけたのだ。

黒人は裁判に訴えたくても、先立つ資金がない。貧しい彼らに「自分のことは自分で」は無理なのだ。しかも、白人たちが黒人を軽蔑し、人間としてさえ扱おうとしない社会で、黒人たちが自力で立ち上がることなど不可能だ。今のままでよいわけがない、と白人たちへのケネディの穏やかな叱責だった。

公共教育の問題は未解決のままだった。だが、一応は、最高裁判決が出ている以上、あとはこの判決を実施するだけの勇気と決断だった。このことに触れたケネディはさらに大きな問題を持ち出した。投票権だ。

「他にも達成しなければならないことがあります。投票権をいま以上に守っていくことです。しかし、繰り返しになりますが、法律だけでこの問題を解決することはできません。全国のあらゆるコミュニティに住むすべてのアメリカ国民の家庭において解決されなければならないのです」

すでに説明したように、一八七〇年にアメリカ合衆国憲法に「……投票権は、人種・肌の色あるいは過去における隷従状態に基づいて、合衆国あるいは各州により拒絶または制限されてはならない」との文言が書き加えられた。修正第一五条だ。これによって、南北戦争後に自由になった黒人たち、そしてその後に生まれるすべての黒人たちに投票権が認められたことになった——はずだった。

法律だけでは……他人への思いやり

特に南部では、投票所が黒人を受け入れることはほとんどなかった。読み書き能力、納税証明など、さまざまな条件が黒人たちだけに要求された。読み書き能力の判断などはいい加減で、受付の白人職員の判断だけで、所定の基準さえなかったのだ。職員が「能力不足」と判断すれば、それで終わりだった。黒人たちは憲法で保証された権利さえ行使できなかったのだ。

ケネディが「法律だけでこの問題を解決でき」ないと嘆いた現実だった。「アメリカ国民の家庭」で解決するしかない、とある意味で絶望的に表現したが、白人たちがその良心と道徳観に基づいて、黒人たちに彼らの権利を行使させることに納得し、同意するしかない。

しかし、ケネディは決してあきらめていたわけではない。実際に、この演説の後に彼が議会に提出した法案では、選挙毎にかつて妨害工作のあったことが明らかな投票所に連邦職員を投票監督者として派遣し、もし黒人の投票を阻害する事態が生じた場合には、提訴する権限を合衆国政府に与えているのだ。演説のなかでは明言しなかったものの、ケネディは黒人の投票権は法的な罰則規定をもって守る、そしてこの罰則規定は必ず執行するという固い決意をしていたのだ。

道徳・良心だけが事態を変える原動力だと述べたものの、ケネディはその道徳・良心ゆえに活動している人々に注目した。

「この点に関しては、私は自分たちのコミュニティにいるすべての人々の生活をより良いものにしようと努力してきた人々、北部に南部にもいるこうした人々に敬意を表したいと思います。彼らは単に法的な義務感で行動しているのではありません。人間として持つ他人への思いやりから行動しているのです。

世界中のあちらこちらにいるアメリカ陸軍の兵士や海軍の水兵たちのように、彼らは最前線で自由の挑戦を受けているのです。彼らの名誉と勇気に対して、私は敬礼するものです」

ケネディはこう言って、合衆国内の地方の村や町で、黒人の安全な、そして確実な投票のために活動している人々がいることを明らかにし、その活動を讃えている。彼らが活動するのは法を守るという義務感ではなく、「他人への思いやり」からだとし、それだからこそ自分は彼らを尊敬し、敬礼までするとと言った。

「他人への思いやり」は原語では human decency だ。手元の英和辞典では、decency（ディーセンシィー）は「（1）行儀（礼儀）よさ、上品、体裁、品位　（2）（複数形で）礼儀作法、見苦しくない生活をするのに必要な物　（3）（口語）親切、寛大さ」とある。ケネディの使い方としては、「品位」あるいは「親切、寛大」なのではないかと判断される。「人間としての品位」あるいは「人間的な親切さ（寛大さ）」とするのが適訳だろう。どちらでも問題はないはずだ。

しかし、私はあえて「他人への思いやり」と訳した。人間として持つはずの道徳心や良心をこの演説のテーマとしてきたケネディにとっては、そしてイエスの教えを二度にわたって持ち出していたケネディにとっては、人間的な品位や親切さとするよりは、他者に対する思い、黒人が自分と同じように投票する権利を持っているのだという事実への理解と受け止めていたのではないだろうか。その意味で、こう訳すことにした。

いずれにしろ、自分が敬意を示すべき人々がいるのであり、彼らは、おそらくは周囲の同じ白人たちからの敵意ある目、あるいは「ニガー・ラヴァー」の軽蔑心のなかで活動しているはずなのだ。だからこそ、彼らの活動を、ケネディは海外の最前線で共産主義と戦うアメリカの兵士たちと同等に扱い、心からその勇気と決断に対して敬礼するのだった。

アメリカ合衆国の大統領は「軍の最高司令長官」としての役割が憲法で規定されている。各州の州兵組織を含めたアメリカすべての軍隊の頂点に立つのだ。その最高司令長官が海外で活動するアメリカ兵に敬礼するのと同じように、国内で黒人の投票権のために活動する人々を讃え、敬意を表するというのだ。アメリカ兵たちは一応「愛国心」ゆえにアメリカ合衆国のために命を賭けている。地域の活動家たちの活動も究極的には「愛国心」ゆえであるということを「最高司令長官」が認めたことになる。地域の活動家たちにとって、このなんでもないような言葉がいかに大きな意味を持っていたことか。陽の当らない場所で、そして仲間の白人たちの冷たい視線のなかで地道に活動してきた人々を、テレビのそしてラジオのこの大統領のこのことば、どれほどの慰めになり、勇気づけるものであったことか。想像するに難くはない。

最終まとめ——ひとつの国家

ここでケネディは言いたいことを言い終えた。黒人たちの権利のために活動することは愛国的な行為なのだ、人間として崇高な行為なのだと国民に告げたのだから、演説としてのひとつの役割はこれをもって成し遂げたことになる。あとはもう一度そして執拗に、国民たちの意識を変えるために、次のように演説を締めくくるのだった。

「アメリカ国民の皆様。これこそがいま私たち皆が直面している問題なのです。南部だけでなく、北部のあらゆる都市において直面している問題なのです。今日、白人と比べて二倍にも三倍にもなる失業中の黒人たちがいます」で始まる結論だ。いま直面している問題は当然黒人に対する差別とそれを撤廃することに伴う問題だ。そのことを改めて指摘して、黒人たちの直面している現実を語っていった。まず、失業している黒人たち――そして、彼らは「十分な教育を受けられず、大都会に移住してなお仕事を見つけることができないのです。若い人たちが特に仕事もなく、希望もなく、そして平等の権利を否定されているのです」と続けた。

「黒人は怠け者。働こうとする意欲さえない。もともと能力的に劣っている」など、白人たちから非難のことばを向けられていたのが当時の黒人たちだった。「仕事がないのは連中のせい。俺たちのせいではない」と白人の多くが、たとえ口に出さないまでも心の中では確信していた。そんな白人たちの心に飛び込んでいったのが、ケネディだった。

「レストランで食事する機会も否定され、スーパーマーケットの片隅のカウンターで食事することも否定され、映画館に入ることも否定され、まともな教育を受ける権利も否定され、そしてたとえ資格を備えていたとしても、公立大学に入学することも否定されているのです」

黒人差別の実態を見ようとしない多くの白人たちに、もう一度、黒人たちが否応なく置かれてしまっている現状を語った。決して黒人のせいではない。自分たち白人の責任なのだ。ケネディはこう訴えていた。

「これは我々すべてが関心を持つべき問題であると思います。ただ大統領や議員や知事と言った政治家だけでなく、アメリカ合衆国のすべての国民が関心を持つべき問題なのです」

もはや傍観は許さない。冒頭に宣言していたように、この問題は良心の問題、道徳の問題なのだ。だからこそ政治家や社会指導者だけが直面すればよい問題ではない。国民すべて、とくに白人すべてが真正面から真摯に取り組んでいかなければならない問題なのだとケネディは熱っぽく訴えた。そして、一気に結論に向かった。

「この国はひとつの国家です。この国がひとつなのはここにやって来たすべての人びと、そして我々すべてが、自分たち自身の持つ何某かの才能を伸ばす機会が平等に与えられているからなのです」

E Pluribus Unum（エ・プルイブス・ウヌム）というラテン語がある。これはアメリカ合衆国の国璽とされるもので、国章の中央の白頭鷲がくわえるリボンの上に刻まれている。現在ではアメリカの硬貨にも見ることができる言葉だ。「多数からひとつへ」の意味がある。アメリカはこのことば通り、多くの民族、世界の多くの地域からの移民たちが築き上げた国家だ。つまり、多数だけどひとつの国だ。だが、このことばが象徴しているのは、「多」ではない。アメリカに入国し、国民となった段階で、「ひとつのアメリカ」に溶け込むことになる。現在の社会学では、これを否定する議論もあるが、国民としてひとつはアメリカという国を考えるうえで、やはり重要な観点だろう。州とは訳されているものの本来は独立国家である五〇の国々が形成するひとつの国家——連邦制度という歴史上成功例のなかった制度を採用して、あくまでも「ひとつの国家」を強調するアメリカ。それだから、国旗が重視され、国歌が大事にされる。そんな国がアメリカだ。ケネディは多民族がひとつの国民になれたのは「各個人が持つ何某かの才能を伸ばす機会」が誰にでも平等に与えられているからだと言った。

「機会の平等」とはアメリカ社会を説明する大事なことばだが、本来はジャクソン大統領が黒人や先住民（インディアン）らを無視して、白人の間の平等を強調したことばだ。だが二〇世紀に入ると当然のように、人種に関わらず誰もが自分の意思で、自分の持っている、少ないかもしれないけれど才能で生活を築くことができる社会としてアメリカを説明することばになっていた。白人にも黒人にもその権利は平等に与えられている——そう考えることで、黒人たちは立ち上がったのだ。

だから、ケネディも黒人たちのために、アメリカの特色を改めて白人たちに訴えたのだ。

「人口の一割の人たちにこの権利は持てないと告げることはできません。その人達の子供たちに、たとえ才能を持っていたとしてもその才能を伸ばす機会はありませんと告げることはできないのです。その権利を得る唯一の方法が街頭に出てデモに参加するしかないのでと告げることなどできません。我々の責任で、その人たちにずっと良い国を与えてあげなければならないのです。それは我々自身の責任で、我々自身にもっと良い国を与えることになるのです」

ケネディはテレビカメラの前でこの部分を力のこもった声で読み上げた。執務机の前の椅子に座って語っていたのだが、時に右手でアクセントつけながら、ひと言ひと言かみしめるような口調だった。黒人のために良い国は必然的に白人のためにも良い国なのだという声には必死ささえ感じられた。

「私たちが前進するのをもっと容易にしてくださるよう皆さんにお願いしているのです。我々が自分たち自身に望む平等な応対を、すべての人々に与えてくださるようお願いしているのです」

最終的に人種問題は「すべてのアメリカ国民の家庭において」解決しなければならないと述べていたように、最後に彼は平等社会の実現を国民一人ひとりに依頼するのだった。イエスのことばの実現という形で――アメリカを真のキリスト教国にするためにも。

それは「すべての子供たちが彼らの能力の限度まで教育を受けられるようにしてくださることをお願いしているのです」と黒人の子供たちのためにアメリカ社会に革命を起すことを依頼したのだ。

いまを生きる黒人たちの願いは自分の命に安全な社会と一定水準の自分の生活が保証されることだ。同時に、彼らは自分の子供たちが自分以上に安定し、そして安全な生活を送っていけることを願っているのだ。

二つの演説の意味

この最後の部分は、前日のアメリカン大学での演説の焼き直しだ。第一章で論じたように、ケネディはアメリカン大学で人間はどこの国に住んでいようと、自分の生活の保証と自分の子供たち、そして将来の子孫たちの安全と幸福を祈っている。人間誰もが同じ願いを持っていると言った。「みな同じ空気を吸っている。我々はみな子孫の将来のことを考えている」と彼は言った。わずか一日前のことだ。そして、その演説の最後に「平和は、結局のところ、根本的には人権、踏みにじられる恐れもなく生活を全うする権利、自然が与えたままの空気を呼吸する権利、将来の世代が健全な生存を続けうる権利の問題」だとしていたのだ。

世界の平和もアメリカ国内の平和も、結局はどちらも「人間の権利」の問題なのだ。自分が持つ権利と他人が持つ権利が互いに同じなのだと認識することで、対立や争いは消滅するのだ。人間が人間として互いの権利を尊重する――そこには国籍も人種も肌の色も、そして信仰の違いもない。みな同じ人間なのだから。

ケネディがこの二つの演説を連続する二日間で行った理由がここにあった。黒人に対する差別禁止を規定する法案を、彼は「来週」という表現で時期を示した。なぜ「来週」なのか？　疑問だった。もっとも効果的に訴えるのであるならば、法案提出の直前に、もう少し端的に、そして直接法案の中身に触れる演説をした方が支持を取れるのではないかとの疑問があった。しかし、人間としての権利とその権利を人間として互いに尊重し合うという、二つの演説に共通したテーマの存在に注目すると、ケネディが二つの演説を二日連続で行った明白なメッセージに気づくのだ。

当然、六月一〇日のアメリカン大学の卒業式の日程が先に決まっていただろう。その卒業式での演説で何を語るかが決まるなかで、翌日に黒人問題に積極的に関わっていく政権としての態度を明らかにし、国民に協力を求めた。二日目の演説では国民に良心に問いただすことで意識を変えることを求めた。アメリカン大学の演説では知性と英知に訴えることで偏見を捨て、先入観を捨てることを求めた。

一九六三年六月の時点で、ケネディは一政治家、一大統領であるよりも、人間の本質をしっかりと見つめ、その人間に、いやその人間のもつ無限の能力に大きな希望を抱く一人の本当の人間、かつて古代ギリシャの学者たちが「存在するはずはないけれど、存在してほしい」と願っていた「哲学者」になっていたのだ。

黒人の子供たちの教育に触れたケネディは最後に、彼の死後に名言として残されることになったひと言を付け加えた。

「……すべての子供がまったく同じ才能を持っているわけではありません。まったく同じ能力を持っているわけでもなく、同じ向上心を持っているわけでもありません。それでもすべての子供たちは、自分の才能と向上心を少しでも発展させて、自分がなにがしかの者になる平等の権利を持っているはずなのです」

このような言葉を発せられる政治家が果たして現在の世界にいるだろうか？　すべての子供は将来に光り輝く玉になる能力と才能を持っているのだ。もちろん、それを実現するのは本人の努力にもよる。しかし、その努力ができ、継続できる状況を与えるのは親の世代の仕事であり、責任なのだ。子供の幸せを祈り、子供の安全を祈ることは、そしてそれらのために環境を整え、整備することは今を生きる我々の最大の仕事なのだ。子供を思えば、親たちはその責務を自覚し、その責務をはたさなければならない。

これはまさに前日の戦争のない平和な世界に向けてのメッセージと同じだった。ケネディは自分を含む白人たちが心から大きく変わること、そしてアメリカに革命を起こすことを、ここまで強く望んでいたのだ。

「我々は黒人社会が責任を果たすこと、法律を守ることを望んでいます。だが、彼ら黒人も法律が公平で、憲法が肌の色を問題にすることがないことを望む権利を持っているのです。それはちょうど二〇世紀の初めにハーラン判事が述べていたことなのです」

最後のしめくくりに当たるところで、白人と黒人の意思にズレはあるものの、このズレをなくす努力を白人がしなければならないと暗示した。

彼が名指した「ハーラン判事」（１８３３〜１９１１）だが、ケンタッキー生まれの弁護士で、合衆国最高裁判所の判事として生涯を終えた。彼は本章のはじめ(九四ページ)で触れた「分離すれども平等」の原則を最高裁が打ち立てた「プレッシー対ファーガソン」の裁判で、ただ一人反対意見を述べたことで知られる。この反対意見のなかで彼は「……憲法上の法的観点から見ると、この国には優位に立つどのような支配階級も存在しない。カースト制度はここにはない。我々の憲法は色盲で、市民のなかのどちらの階級も知らず、また許容しない。公民権の点では、すべての市民が法の前に等しい」と、アメリカ人は「法の前に平等」という明確な観点を主張していた(19)。

ハーラン判事が知られるのはこのただ一人で八人の判事に立ち向かったことだ。したがって、ケネディが「二〇世紀の初めに」と言っているのは彼の勘違いかもしれない。

最後に、「これこそがいま我々が議論している問題なのです。この国が関わるべき問題なのです。この国がよって立つべき問題であり、この問題に立ち向かうにあたって、私は国民すべての皆様のご支援をお願いしたいのです。ありがとうございました」ということばで演説を終えた。

全体を通じて、どこまでも控えめな内容だった。アメリカに革命をと時に過激なことばで語ったが、リンカン以後一〇〇年目にして初めて本格的に黒人の側に立って、黒人のために政策を打ち出そうとしているという気負いもなければ、自分の偉大さをひけらかす様子もない。問題を提起し、そしてなぜいま変革が必要なのかを、実に淡々と、ときに現状を数字で示しながら語り、最後の選択を国民に委ねた。

先に述べたように、前日の演説とセットにして考えると、その内容は実に興味深いものがあるのであるが、当時の国民の反応は鈍かった。翌日、ベトナムでひとりの僧侶がゴ・ジン・ジェム政権に反発して焼身自殺をするという衝撃的な出来事が世界を駆け巡ったこと、あるいはその翌日（一二日）に黒人運動の指導者メドガー・エヴァースが自宅前で狙撃され殺害されてしまったこと、またさらに一六日にはソ連がヴァレンティナ・テレシコワという女性を宇宙空間に打ち上げ、無事に帰還させるという快挙があったことなどが、その原因かもしれない。ケネディの側では念を入れた演説日だったかもしれないが、よりショッキングな出来事がすぐに続いていた。そんな騒動続きの状況で二つの演説は忘れられていった。

しかし、ケネディは言葉通り、六月一九日に「公民権法案」を議会に送ったのだった。この時、彼は「正義のためにこそすべてのアメリカ人とその子孫に自由の恩恵を確保しなければならないのです。それは単に経済的な効率や外交、あるいは国内秩序のためでなく、なによりもまずそうすることが正しいからなのです(20)」と、黒人にアメリカ国内の生活のあらゆる面で白人との平等を約束したのだった。

第三章　正しいことは、正しいからする——ケネディの信念

これまで見てきてように、ケネディ大統領はついに自分の本音を語った。国内の人種問題も国際問題も、人間という観点に立ちさえすれば必ず解決できる、と二日間にわたって訴えた。人間として本来持っている道徳心・良心があるから、地球上に住む人間には共通した強い思いがあるから。ただ、現実にはその人間が偏見や先入観を持ってしまっている。とすれば、自分たちの意識を変えさえすれば、意識を変えて本来の人間としての意識を取り戻しさえすれば、つまり、発想を転換さえすれば、解決できない問題はない。ケネディはこの意識改革を「革命」とさえ言った。人間としての共通基盤に立てば、あとは理性と英知に任せればよい。

何度も言うが、これは強烈なメッセージだった。いや、あまりにも強烈な主張だった。

しかも、ケネディはこれを単なる主張に終わらせる大統領ではなかった。アメリカン大学の演説のあとで、彼は部分的核実験禁止条約を成立させた。翌日の執務室からのテレビ・ラジオ演説の一週間後、後に「六四年公民権法」として成立する、それこそ革命的な人種差別禁止・撤廃の

法案を議会に提出した。

有言実行とはまさにこのことだった。自分が正しいと思い、語ったことは必ず実行する——なぜなら、そうすることが正しいことだから。ケネディという男の強烈な個性だった。

就任演説でもケネディは言っていた。地球上で貧困に苦しむ人々が自立できるように援助・支援するのは、自分たちが味方を求めるからでも、彼らを助けようとするソ連に勝つためでもない。彼らを支援し、援助を与えることはただ単にそれが「正しいこと」だからだ、と。正しいことをすることが常に良い結果をもたらすとはかぎらない。だが、正しいことをすることには、何も負い目を感じることはない。

大統領就任後、様々な要因もあって、必ずしも正しいことだけをしていたわけではない。いや、むしろ、ケネディ自身が正しいと思うことができない状況が続いていた。だが、一九六三年六月に彼は変わった。正しいことは言うべきだし、行うべきだと。

本書の「はじめに」でも触れたことだが、これにはキューバ・ミサイル危機の後の七〇パーセントを超える驚異的に高い支持率があったのだろう(1)。あるいは、一九六二年の一一月にカリフォルニア州の知事選挙でニクソンが新人候補に大敗したことがあっただろう。ニクソンはこの時、政治的に死んだと報道され、彼自身が報道陣に向けて「これでもうお前たちが蹴飛ばす相手はいなくなった」と自嘲気味に話したほどだった。歴史的大接戦を演じた大統領選挙の強敵は消えた。一九六四年の大統領選挙には共和党からの対抗馬はいなくなっていた。これが本心優先に切り替えた原因だったのではないだろうか。

自分の信念だった「二度と戦争のない世界」を構築するためには、世界の人々が自分の意識を変えることだ。一人ひとりの考え方が変われば、世界は変わる。彼は勇気を絞り出したのだった。

キング牧師救済

しかし、ケネディが勇気ある発言をし、正しいことを正しいから実行したのは、この一九六三年六月になってからではなかった。

一九六〇年一〇月一九日、大統領選挙戦がいよいよ終盤を迎えようとしていた時だった。キング牧師と五二名の学生たちがジョージア州アトランタ市のリッチズという百貨店でシット・インをしたところを逮捕された。二三日に学生たちは全員釈放されたのだが、キング牧師は前月に州外免許証で運転した罪で二五ドルの罰金刑と一年間の保護観察を言い渡されていた。そのために、今回は四ケ月の重労働が科せられ、即日ライズヴィルにある州刑務所へ送られたのだ。

この出来事まで、ケネディは対立候補のニクソンに世論調査では三〜五パーセント差で水をあけられていた。当時、選挙で大きな影響力を持っていたわけではないが、黒人たちは基本的に共和党支持だった。リンカン大統領が共和党で、奴隷制度擁護だったのが民主党だったからというだけの理由だったが、北部で投票できた黒人たちはニクソン支持だった。

ケネディは五六年に一度副大統領候補になりそうになったときも、六〇年の大統領選挙のときも、南部民主党員から大きな支持を得ていた。そのこともあって、黒人問題にはなるべく関与しない方針で選挙を戦っていた。南部白人の支持を失ってしまったら選挙に勝つことは実質不可能だったから。

だが、キング牧師逮捕のニュースを知って、考えを変えた。シット・インをする黒人たちの運動には必ずしも賛成できないでいたのだったが、黒人運動の第一人者が逮捕された事実はショックだった。

妊娠六ケ月のキング夫人が刑務所で夫はきっと殺されると不安がっていることを知ったケネディは、即座にこれに関わることにした。この問題で南部白人の票を失うか、あるいは黒人指導者のために立ち上がった勇気ある政治家としての評価を得るかだったが、ケネディは選挙戦の影響を考えずに正しいことをすると決断したのだ(2)。

ケネディはまずキング夫人に電話を入れた。彼女の不安を聴き、そして彼女を慰め、牧師と夫人のために出来るだけのことをすると約束した。

この電話の内容が夫人からキング牧師の父親に伝えられると、彼はすぐに黒人組織と連絡を取った。何もしていないニクソンに比べて、少なくとも夫人に同情を示し、何とかすると約束したケネディの評判は好転した。このキングの父親は宗教的理由からニクソン支持をすでに公表していた。しかし、この件でケネディ支持に回った(3)。

ただいくら大統領候補とは言え、一人の上院議員、しかも今回の事件とは全く無関係の州の選出議員が出来ることは実際には何もなかった。州はあくまでも独立国家としての位置づけであって、他州の人間が口を出せることではなかった。

しかし、キング牧師の逮捕を違法だと判断したケネディと、当時選挙参謀としてニューヨークで選挙戦の指揮を執っていた実弟のロバートは、正しいと思うことは実行しようと決心していた。翌朝、ロバートがキング牧師の収監を決めた裁判官に電話をして、即時釈放を求めたのだった。多少の抵抗はあったものの、ケネディ側がその思いを貫き通すことができた。牧師はついに釈放されたのだ。

結果としては、これによって黒人の間でケネディ人気が急上昇したのは確かだ。現実に投票できた黒人の数は少ないので、どの程度、彼らの人気がケネディを後押しできたかは不明だ。

のちにこの年の大統領選挙を総括する本（*The Making of the President 1960*）の中で、著者のセオドア・ホワイトはケネディの勝利をどれか一つの要因に帰することはできないと書きながらも、九千票の差でケネディが勝利したイリノイ州では二五万人の黒人がケネディに投票したと推測できると述べ、六万七千票差でケネディが勝ったミシガン州でも、二五万の黒人がケネディに投票し、さらに一〇万票の差しかなかった南カロライナでは、四万人の黒人がケネディに投票した事

実を書き添えている。(4)

ホワイトはケネディに投票した黒人票が全黒人票の何パーセントなのかについては述べていないが、九〇パーセント近い黒人たちがケネディに投票したと一般には考えられている。ただ、これまで態度を決めかねていた白人有権者にケネディ支持を決断させる要因になったことも忘れてはならないだろう。

ただし、この介入が悪い結果になる可能性は相当に高かった。南部白人の離反、北部の保守的白人の離反は十分に考えられた。しかし、ケネディは兄弟共々、結果は気にしていなかった。正しいことをするという気持だけだった。選挙に勝つことや自分の人気を高めることなどは眼中になかった。もしそういう気持が見えたら、きっと黒人たちの間で人気が高まることはなかっただろう。彼らにすればキング牧師を個人的な野望に利用したということになるからだ。そうではないことが明白だったから、彼らはケネディ支持に回った。

二度と戦争はしない

この正しいからするという精神は、大統領としてのケネディのなかに変わることなく生きていた。彼にとって「二度と戦争をしない」が究極の正しいことだった。在任中の絶対的な目標は戦争をしないだった。暗殺されるまでの三年弱の間、ケネディはこの信念を貫いた。守り通したのだ。正しいと自分が信じることは、それが正しいからするのだと。

これは政治の世界では極めて困難なことだ。いくら彼自身が著書『勇気ある人々』(6)のなかで取り上げたように、過去には自分の信念を貫き通した上院議員たちがいたかもしれないが、そのために彼らは全員、次の選挙で敗れて上院の議席を失っていた。結果を気にせずに正しいことをするのは一つの生き方としては立派だが、果たして政治的に賢い生き方なのかとなると、素直に肯定できない部分もあるだろう。

ケネディは正しいことをするという信念のために、結果として軍部と対立することになった。いや、端的に言うと、軍部から嫌われることになった。ここでいう軍部とは、大統領の直近にいて、彼の外交政策や軍事政策に助言と忠告を与える一部の軍人たちのことを言う。ケネディを慕い、彼を尊敬する軍人たちがいなかったわけではない。だが、ホワイトハウスに自由に出入りし、会議に出席し、発言する権利を持つ一部の軍人たちは、ケネディと対立した。なぜなら、彼らはたとえ相手がソ連であろうと、戦争することは可能だし、アメリカの軍事力をもってすれば、絶対に勝てると信じていたからだ。

戦争しても……という主張をする軍部と二度と戦争はしないと決意している大統領が対立するのは当然のことだった。

ピッグス湾事件

その最初の対立が「ピッグス湾事件」だった。

ことは一九六〇年一月。キューバでバチスタ親米政権がフィデル・カストロの率いる革命軍によって倒され、カストロを首相とする新政権ができたことに起因していた。カストロは政権樹立後すぐにワシントンを訪問してアメリカの理解と援助を求めた。しかし、当時のアイゼンハワー政権は大統領もニクソン副大統領も彼を歓迎しなかった。いや、むしろ面会も拒否するような冷遇をした。

これに失望したカストロは帰国後、急速にソ連に接近した。バチスタ時代のキューバに思いを残すアメリカによる反革命行動を恐れて、ソ連を後ろ盾にしたのだった。そしてその年の六月、彼はキューバ国内にアメリカとイギリスの企業が所有していた石油精製所を国有化したのだ。これに対して、アメリカはキューバからの砂糖の輸入量を七〇万トン削減する対抗措置を取った。結果として両国の関係は悪化し、ついに国交断絶にまでに至ってしまったのだった。

ソ連のフルシチョフ首相はこの状況の中で、キューバの支援を約束し、さらにアメリカによるキューバへの軍事行動はソ連への挑戦とみなすと宣言した。ソ連の後ろ盾を得たカストロは企業の国営化をさらに実施したのだ。

一九六〇年三月にアイゼンハワー大統領はＣＩＡに対して、カストロの革命から逃げてきた亡命キューバ人を組織し、訓練してカストロ打倒を目指す軍事集団とするよう求めた。カストロによる反バチスタ運動が活発化し始めると、アメリカに亡命するキューバ人が多くなり、いつの日か自分たちの手でカストロを倒すことを望むようになっていた。アイゼンハワーは彼らに期待したのだ。「亡命キューバ人による進攻作戦」の計画と準備が極秘のうちに進んでいった。

この作戦実施がケネディ政権に委ねられることになった。とは言っても、現実にケネディがこの計画の存在自体を知ったのは就任後しばらくしてからだった。大統領就任前のケネディはカストロの横暴を嫌っていた。しかも絶対的な権力を持ったカストロを、独裁者バチスタを嫌ったはずのキューバ国民がなぜ許すのかを十分に理解できないでいた。

しかし、この進攻計画を知らされたとき、ケネディは躊躇した。あまりにも唐突な話だったこと、そして秘密裡の軍事行動ということ、成功の見込みが不明確だったことなどが、その理由だった。だが、ＣＩＡも統合参謀本部をはじめとする軍部も計画実行を強く迫った。国防長官のマクナマラさえ実行に賛成だった。四月に入ると、ケネディもこれに同意せざるをえない状況に追い込まれた。絶対に成功するというＣＩＡと軍部の圧力に屈したのだ。

だが、このとき侵攻許可にケネディは条件をつけた。作戦遂行にはアメリカ軍をはじめ、アメリカ人はいかなるかたちでも関与してはならないと指示したのだ。進攻軍の後ろにアメリカがいることは絶対に知られてはならないと。

一九六一年四月一五日、ニカラグアのアメリカ軍基地から八機のＢ26爆撃機が離陸した。亡命キューバ人が操縦する爆撃機は所属を判別できるマークはすべて消されていた。キューバ国内の戦闘機を破壊して、侵攻作戦を援護するのが目的だった。だが、四〇機ほどあったキューバの戦闘機のうちわずか五機しか破壊できなかった。大失敗だった。国連ではすぐにアメリカによる攻撃だとの非難も起きた。この爆撃失敗は侵攻計画を取りやめる絶好の機会だったが、ＣＩＡも軍部も成功を確約し続け、そのために計画は続行された。

四月一七日に約一五〇〇人の亡命キューバ人の部隊がキューバのピッグス湾に上陸を開始した。本来の計画は、この上陸開始と同時に国内で反カストロ派が反乱を起こし、上陸部隊と合流して政権奪取となるはずだった。

しかし、ピッグス湾には侵攻側が予想もしなかった二万を超えるキューバの部隊が待ち構えていた。上陸は完全に阻止された。ＣＩＡは作戦失敗を認めたものの、アメリカ軍の直接介入とアメリカ海軍の戦闘機による攻撃を主張した。上陸部隊を見殺しにはできない、が彼らの主張だった。

ケネディはこれを即座に拒否した。アメリカ軍の介入は一切認めなかった。上陸部隊は一一五名を失い、一一八九人が捕虜になった。四月一九日にはキューバ戦闘機が亡命キューバ人部隊の補給船を撃沈した。それでもケネディは次の手を打とうとはしなかった。

すぐに声明を出し、すべての責任を自分が負うと明言したのだった。国民はこのケネディの潔さをむしろ歓迎した。また、捕虜になった侵攻部隊の亡命キューバ人は、その後のケネディの粘り強い交渉の結果、一九六二年一二月二三～二四日に全員無事に釈放された。ブルドーザー五〇〇台、補償金三〇〇万ドル、そして五二〇〇万ドル相当の食糧・医療品がその代償だった。

当時のCIA長官アレン・ダレスが生前に書き残していた手書き原稿が一九八四年にルシアン・ヴァンデンブロークによって公開された[6]。これによると、長官である彼をはじめCIAの関係者たちは、新米大統領ならアメリカ軍を投入せざるをえない状況に追い込めると確信していたという。ダレス長官も「現実が大統領を自分たちの思い通りの結果に追いやれるのだ」と語っていたという[7]。

CIAが確信していたのは、侵攻軍が上陸に成功して反革命政府を樹立し、この政府がアメリカとOAS（米州機構）に対して援助を要請することだった。いくらケネディが軍事介入に反対しても、この反革命政府からの要請を好意的に受け止めるアメリカ国民の声を無視できないはずだ[8]。CIAは完全に新米の若い大統領を見くびっていたのだ。

これはケネディが最後までアメリカ軍の介入を許さずに、すべてを国民に明らかにして責任を取ったときに、ダレスが発したという次のことばに如実に表れているだろう。「あのケネディの若造め……奴は自分を神だと思っていやがる[9]」

ケネディはアメリカ政府内部に自分に反対したり、自分を窮地に追い込む勢力がいるのではないかと恐れていたという[10]。軍事介入に反対し、ソ連とは対立よりも宥和を求めていこうとし、大資本や大企業よりも労働者の利益を重視し、そして白人と同じ権利を黒人にも認めようとする彼の意向や政策に必ず強く反発する勢力が政府内部にさえ出てくるはずだという思いがあったのだ。この思いがあったからこそ、最も信用できる人間を政権内部に必要とした。それが選挙参謀として能力を示した実弟のロバートだった。大統領就任とともに彼を司法長官に任命した大きな理由だった。

そのために、侵攻事件後、彼はCIAの大粛清に取り掛かった。侵攻を立案し、実施の準備を進めた関係者を罷免し、更迭したのだ。長官だったアレン・ダレス、副長官だったリチャード・ビッセル二世、次官のチャールズ・カペルたちだった。そして、翌年から一九六六年までのCIA予算を二〇パーセント削減する計画をかなり強引に進めたのだった。

戦後の冷戦を戦う上で不可欠な存在として大きな力を発揮してきたCIAと真正面から対決することを厭わなかったのだ。大統領である自分に極秘で亡命キューバ人に軍事訓練を与え、武器を供与し、そして侵攻部隊として犠牲さえ払わせたCIA、しかも自分たちの計画は完璧で成功は間違いないと誤った情報を自分に与えたCIAを許すわけにはいかなかった。

対ソ戦略の上で「善」なる存在でなければならないアメリカを、卑怯な闇討ちを仕掛ける「悪」なる存在にしてしまったCIAを、この先も重要な組織としておくわけにはいかなった。ピッグス湾侵攻が失敗だと知ったとき、そしてCIAと参謀本部がアメリカ軍の派遣を強要したときに、即座にこれを拒否して、自らの信念に固執したケネディだった。ダレスらCIA上層部の人間たちのケネディ観がいかに間違ったものであったのかを明らかにしたのが粛清だった。

ベルリン危機

「正しいことをする」というケネディの二つ目の例が、同じ一九六一年のベルリン危機だった。

ドイツは第二次大戦後東西二つに分割された。東側がソ連の影響下にある東ドイツで、西側の西ドイツがアメリカの影響を受けていた。ドイツの元来の首都だったベルリンは東ドイツ内にあったのだが、ここも東西に分割され、東ベルリンが東ドイツの管理下に、西ベルリンはいわゆる民主主義を守るアメリカ側となっていた。ほかの西側諸国との陸路を絶たれていた西ベルリンには空輸によって物資を運ぶしかなかったが、西側諸国とすれば民主主義の防波堤を象徴する存在となっていた。

ソ連にとっては支配下の東ドイツの首都が分断され、西側に与する西ベルリンの存在は迷惑以外の何物でもなかった。東西ドイツの統合は即時の米ソ戦争を意味していたが、ベルリンは戦争には至らないだろうと思っていたようだ。フルシチョフは自分の名誉にかけてもベルリンは解決すると言い続けていた。（繰り返し言い続けていたことは、本気ではなかったことを意味していたのかもしれないが……。）

フルシチョフは、一九六一年六月にケネディとウィーンで会談した直後の六月一五日にソ連国民に向けてテレビで演説をした。ここでドイツの問題では速やかな平和条約の締結を求め、ベルリン問題を早期に解決する旨を伝えた。これを受けた東ドイツのヴァルター・ウルブリヒト書記長はベルリンへの西側諸国の出入りを禁止する可能性を示唆した。

このころから、ケネディ政権内部ではベルリンの地位に関する議論が盛んになっていた。フルシチョフの演説に関しては、ケネディは平和条約がドイツの分断を恒久化するとしてこれを拒否する声明を出しただけで、表立ってベルリンを話題にすることはなかった。だが、政権内部では、交渉重視を主張する国務省とソ連の出方によっては核戦争もやむなしとする国防総省との対立は顕著になっていた。

一九六一年七月二五日に大統領執務室からのテレビ演説でケネディは、ベルリンで生じるすべての事態はソ連に責任があるとし、西ベルリン市民の生命と生活は絶対に守ることを宣言した。そして連邦議会に対して三二億五千万ドルの国防予算を要求した。さらに陸軍の兵力を一二万五千人増やし、さらに海軍・空軍の兵力をそれぞれ、二万九千人と六万人増やすことも表明した。西ベルリンは絶対に守るという決意表明だった。

しかし、ケネディはこの演説のなかで、自分の取る手段はあくまでも戦争を避けるためのものであって、戦争の準備ではないと強調した。「我々は平和を求める――だが決して降伏しない」(11)が彼の決意だった。

八月一三日、東ドイツが突然東西ベルリンの境界にバリケードを築いた。東西ベルリン市民の自由な行き来を阻止したのだ。しかも、最初は簡略な塀にすぎなかったものを、順次コンクリートの頑丈な塀に作り替えていった。いわゆる「ベルリンの壁」の構築だった。

ケネディの反応は早かった。西ベルリンは守るというアメリカの決意を示すために、副大統領のジョンソンとルシアス・クレイ将軍とをベルリンに急派し、同時に西ベルリンのアメリカ軍増強を決めた。クレイ将軍は一九四八年に西ベルリンが封鎖されたとき、大空輸作戦を実施して自由都市を守った功労者だった。西ベルリン防衛の象徴的存在だった。

二人は西ベルリン市民から大歓迎を受けた。八月二〇日、二人が待ち受ける中、アメリカ陸軍一六〇〇人の精鋭部隊が到着した。西ドイツの基地からの一二〇キロを陸路西ベルリンに入ったもので、実質的に東ドイツ領を「侵犯」しての強硬移動だった。戦争は意図していないとしていたケネディの実に思い切った、戦争覚悟の決断だった。西ベルリン防衛の意識がそれほど強かったということだろう。

しかし、これ以後、わずかな距離を置いて、アメリカ軍と東ドイツ軍が向き合ったかたちで対峙する状況になった。いつ武力衝突が起きても不思議ではない緊迫した情勢になった。九月一日にはソ連が中断していた核実験を再開した。「軍縮に向けての人類の願望を完全に無視するものであり……核戦争の可能性を高めて全人類に恐怖を与える」愚行だと、ケネディは非難した。[12] 九月二五日にケネディは国連総会で演説することになっていた。当然、ベルリンの情勢に関してソ連を強く非難し、国際世論の力で問題解決ができるように強く訴えることが予測できた。この前夜、大統領の報道官ピエール・サリンジャーとソ連政府の報道官ミハイル・カルマロフがニューヨーク市内で密会した。カルマロフはベルリンの危機は終わったと言い、フルシチョフが戦争回避のための首脳会談を望んでいることを告げ、そして国連での演説が強い調子にならないよう要請した。

翌日の国連での演説はこの密会を反映して穏やかなものだった。ソ連が望むなら、ベルリンは平和に解決できるとだけ言った。このあと、フルシチョフとの間では複数の私信の交換があり、最終的に一〇月一七日にフルシチョフが長年主張していたドイツをめぐる平和条約の締結を放棄する旨の演説を行い、米ソ間での「雪解け」ムードが高まったのだった。

だが、このころからアメリカ国内でのケネディ批判が強まっていった。もともと軍部は核兵器を使用してでもベルリンで勝利しなければならないと主張していた。八月の参謀本部との会合のあとで、ケネディが「あいつら気が変だ」とつぶやくほど、彼らは強硬な態度をくずさなかった。[13] 軍部の考えに同調する人たち、特に南部の人たちから彼の対ソ政策が軟弱すぎるとの声が強まっていたのだ。前大統領のアイゼンハワーもケネディの政策は評価できないと発表していた。[14]

こうした批判に対処するためか、ケネディはＮＡＴＯ軍の強化を再確認し、さらにソ連に対して西ベルリン防衛の意思の強いことを改めて伝えた。同時に、アメリカの核兵力は圧倒的に優位な立場にあるとも伝えていた。

ソ連がこれに反発したことで、雪解けムードは一気に消散した。一〇月三〇日には五〇メガトンもの核爆弾の実験に成功したと発表した。また、一〇月二八日には米軍の戦車隊とソ連の戦車隊とがわずか一〇〇メートルの間隔でにらみ合う事態も起きていた。一六時間後にはソ連の部隊が引き上げたために悲惨な事態は回避されたが、まさに一触即発だった。

ケネディがフルシチョフに求めたのはソ連が二四時間以内に戦車部隊を撤退させたら、その三〇分以内にアメリカも撤退するというものだった。結果的には、フルシチョフがこれを信じ、ケネディも約束を守った。緊迫した度合いの大きかった割に、結果が速やかだった裏には、両首脳の間での取引があり、その取引のなかでケネディがソ連首相に戦争を求めない選択権を譲るという英断を示していたのだった。

この時、アメリカ軍を指揮していたのが、壁の構築直後にジョンソンと共に派遣されていたルシアス・クレイ将軍だった。ケネディの信頼を得ていたはずの将軍だったが、実は一〇月に入った時点で、大統領を裏切る行為をしていたのだ。東西ドイツの国境線を破る計画を立てていたのだ。歴史研究家のダグラスの説明によると、NATO軍を指揮していたブルース・クラーク将軍の介入によって実行は阻止されたものの、ソ連のスパイがこの情報を入手し、それがソ連戦車隊の派遣につながっていたという[15]。

ケネディもフルシチョフも、共に忍耐強くこの問題に対処していたのだ。私信を通じて「絶対に戦争はしない」という双方の思いを理解し合っていたからだろう。最終的には一一月一七日にベルリンの壁からソ連軍が全軍引き上げたことで、ベルリン危機は終結したのだった。

対ソ強硬の態度と宥和に向けての態度との相反する態度を取り続けたのがこの時のケネディだったが、絶対に武力行使はしない、戦争はしないという意思を通したのも彼だった。

その意思によって、戦争を辞さないと主張していた軍部を抑えつけたのだ。戦争が悪で、避けなければならないものであるなら、平和こそが正しい道であり、その正しい道を進むことが正しい行為なのだと、徹底して軍部の要請を拒否した。

もちろん、西ベルリンへの精鋭部隊の強硬派遣という危険な選択もしていたのだが、これも西ベルリンを絶対に守るという彼の気持ちの表れであったとすれば、同胞を守るという正しいことをしただけのことなのだろう。守る決意を示すことで、最終的に戦争を回避する方策を別途考える、ケネディ流の選択だった。

キューバ・ミサイル危機

そして第三の例がいわゆるキューバ・ミサイル危機だった。

ピッグス湾事件のあと、カストロは「次の侵攻、それも今度はアメリカが主体となった侵攻」を恐れていた。そのために、彼はキューバの安全をソ連に頼ることにした。フルシチョフはこの申し出を受け入れ、すぐに軍事顧問団の名で軍隊を派遣したが、さらに将来起きるかもしれない米ソ戦争を想定して、キューバにミサイル基地を建設することをカストロに認めさせた[16]。ソ連は、一九六二年の五月から六月にかけて、アメリカ本土を射程内に置く中距離ミサイルを三〇基ほど搬入し、支援部隊四万四千人、建設作業員一万三千人を送り込み、核ミサイル搭載の潜水艦も配属した。九月二日にソ連はキューバ防衛のための軍事条約を締結した旨を発表したのだった。

この時点ではアメリカ側はキューバにおけるソ連の活発な動きを把握していた。九月一三日にケネディは、ソ連のミサイルが射程距離の短い防衛用である場合以外には、アメリカは自国の安全確保のためにあらゆる手段を取ることを明らかにした。同時に、一五万人の予備役兵に一年間の任務に就くよう命じたのだ[17]。

このケネディの声明を受けた上院は九月二〇日に八六対一の圧倒的多数で、キューバ政府が周辺諸国に対して破壊活動を行うことを阻止し、同時に第三勢力の援助を受けてアメリカの安全を脅かす軍事能力を持つことを阻止する決議を採択した。

この決議はケネディ大統領の政策を全面的に支援するかのようだが、実は重要な隔たりがあった。

上院はその議員の三分の一が一一月の中間選挙を控えていた。当時の一般国民の思いは大方が、反カストロ、反キューバだった。キューバがスペインから独立するのを援助したのはアメリカだったのに、カストロはそのアメリカを裏切ったという思いが強かった。だからと言って、すぐにキューバを軍事攻撃するべきというのではなかったが、キューバは許せない、キューバは憎いという思いが強かったのは事実だった。だから、議員は選挙を前に対キューバ強硬策に同調しないわけにはいかなかった[18]。

一方、ケネディは彼の信念である「絶対に戦争はしない」に固執していた。ミサイルがキューバに搬入されているという情報を得ても、彼は基本的に悪いのはミサイルを持ち込んだソ連であって、キューバではないとの考えを維持していた。世論も議会も、そして政権内部にも反カストロの気運が高い時にキューバを非難すると、一気にキューバ攻撃の声が高まり、これを抑えられなくなると考えていたからでもあった[19]。

いずれにしろ、一九六二年九月時点でのケネディはキューバ情勢をめぐって、ある意味で四面楚歌の状態だったわけだ。

一九六二年一〇月一四日、スパイ偵察機が撮影してきた九二八枚の航空写真のなかに、明らかに攻撃能力を持つミサイル基地が建設されていることを示すものがあった。複数のミサイル基地のほかに二〇機を超える爆撃機の存在も明らかになった。

この情報を受け取ったケネディが下した決断は早かった。攻撃用のミサイルは認められない——全ミサイルを撤去させる——その交渉を始める——ただし、武力は使わない——使えば核戦争だ。

一〇月一六日にケネディは特別に選抜した一四人の関係者を参集させた。このような事態で通常招集する国家安全保障会議ではなく、所属する省庁の利害を代表するのではなく、大統領の利害（つまりは、統合体としての合衆国の利害）を代表する役割を参会者に求めたのだ。この集まりを「エクスコム」（EXCOM=Executive Committee of the National Security Council）と呼び、キューバ情勢の打開策だけを検討させた。[20]

厳選されたメンバーだったが、当初から内部対立していた。武力行使を主張するグループとあくまでも外交交渉を重視し平和的解決を主張するグループの対立だった。武力行使はテイラー、マッコーン、マクナマラら参謀本部、ＣＩＡ、国防総省の代表者たちだった。平和解決を求めていたのは国務長官のラスクで、彼に同調していたのがケネディ大統領、弟のロバート・ケネディ司法長官らだった。

エクスコムは初日から空爆による先制攻撃を求める武力行使派が優勢だった。ピッグス湾そしてベルリンと、大きな役割を果たせないできた軍人たちにしてみると、いまこそ自分たちの能力と実力を示す千載一遇のチャンスだった。

この出来事に関する詳細は、ロバート・ケネディの書いた（そして、死後出版された）『13日間』（中公文庫版　二〇〇一年）を参照してもらえればと思う。またＮＨＫ取材班と阿南東也による『ＮＨＫスペシャル　十月の悪夢』（ＮＨＫ出版　一九九二年）やテッド・ウィルマー編の『ジョン・Ｆ・ケネディ　ホワイトハウスの決断』（世界文化社　二〇一三年　二一三〜三〇一頁）が参考になるだろう。さらに、拙著『ケネディ――「神話」と実像』（中公新書　二〇〇七年　一六七〜一九一頁）にも事件経過の要約がある。

海上封鎖

会議自体の進展が見えないなか、この日（一〇月一六日）の夕刻に、マクナマラ国務長官がひとつの提案をした。それは、ミサイルをキューバに運ぶソ連の輸送船を海上封鎖で対応するというものだった。航路を遮断することで起こりうるキューバ内の動きを探り、ソ連の出方をみるというものだった。当然、対ソ戦争の準備はその間にしっかりと行う。

海上封鎖をするなかでソ連との対話を続ける可能性については述べられていないので、マクナマラが武闘派から平和解決派に翻意したわけではない。むしろ、一旦は性急な武力攻撃を抑える提案のようでありながら、見据えていたのは封鎖後に予測されるソ連の強硬な態度とその結果としての対ソ戦争だった。

一八日には再び多くの航空写真が持ち込まれた。参謀本部の早急な攻撃の主張は前回よりさらに強いものになった。アメリカが力を示すことこそが、世界におけるアメリカの信頼を高め、国際平和に貢献することになる、というのが統合参謀本部長テイラーの主張だった。空軍参謀のカーティス・ルメイなどは海上封鎖など弱腰すぎる、軍事行動があるだけだ、という持論に固執した[21]。

この日、短い会議の後、大統領は一一月の中間選挙のための遊説に出かけた。緊急事態での選挙遊説に反対の声もあったが、国民たちには平常通りの職務を遂行している姿を見せることが重要だという判断だった。

だが、大統領欠席で開かれた一九日の会議で、弟ロバートの調停によって海上封鎖で大まかな合意を見た。とりあえず、海上封鎖を実行する——それでもミサイルが撤去されないときには、すぐに空爆を実施する。一応、「折衷案」とされるが、まだ軍事優先の妥協案(?・)だった。海上封鎖をソ連船が強行突破すれば、あるいは封鎖線で停止したとしても臨検を拒否すれば、常識的にはこの時点で武力行使のはずだし、封鎖に素直に従ったとしても、それがミサイル撤去につながる保証はどこにもなかった。強硬派にすれば、多少の時間のロスかもしれないが、結局は自分たちの思いを実現することになる案だった。交渉派にすれば、とにかく性急な空爆は避けられる案だった。

一〇月二〇日、遊説から戻った大統領を含めた会議は、海上封鎖最優先でまとまった。ただ海上封鎖(blockade)という単語は国際法上、戦争行為とみなされるために、これを「隔離」(quarantine)とすることにした。ことば遊びのようで内容は変わらないが、国際的な印象を意識したのだった。さらに、ケネディはこの席で、キューバ内のミサイル撤去の条件として、トルコとイタリア国内に配置しているアメリカのミサイルを交換撤去する可能性について合意を得た。

ポラリス潜水艦に積載したミサイルで両国の安全に十分に対処できるとしたのだ。

国民に真実を

一〇月二二日の午後九時（東部標準時間）、ケネディはテレビを通じて国民に向けて初めてキューバをめぐる情勢について語り、今後の対策を公表した。一七分間の演説だった。

攻撃用ミサイル基地がソ連によってキューバに建設されている事実を示す「明白な証拠」があることを明らかにした。そのミサイルの威力を説明し、さらに現在建設中のＩＣＢＭの準備が整うと南北アメリカ大陸すべてが標的になると言った。防衛用で小型のミサイルだと主張し続けてきたソ連を厳しく非難した。

国連の安全保障理事会の緊急招集を含め、アメリカが即時取るべき対応策を説明したが、主要な方策は「海上隔離」だと説明し、最後にソ連にミサイルの撤去を要請し、「世界を壊滅の地獄から引き戻す」ための「歴史的努力」を共にすることを呼びかけたのだった。(22)

この放送に接したアメリカ国民はパニックに近い反応をした。すでに核戦争に備えて、「核シェルター」が各地に用意されていたが、そのシェルターでの生活に備えるべく、多くの国民が生活必需品の買い占めに走ったのだった。スーパーマーケットの棚から、トイレットペーパーやレトルト食品などが勢いよく消えていった。

翌日、アメリカが隔離の準備を進め、臨検を実施する場合の最終確認を行っているときに、フルシチョフ首相からの書簡が届いた。前日のケネディの演説が「平和への重大な脅威だ」とし、隔離政策は国際法上の重大な違反行為であり、世界に壊滅的結果をもたらす可能性があると激しく非難していた。

平和的解決の道は閉ざされたかのようだった。軍部はまた先制攻撃で色めきたった。だが、ケネディはとりあえず、大統領としてこの書簡に回答する旨の合意をとりつける冷静さを保っていた。

ケネディは返答のなかで、今回の問題はソ連が秘密でキューバに攻撃用の武器を与えたことが原因だと、持論を繰り返し、海上隔離を実施する決意を改めて表明した。そして、改めて、互いに「理性をもって状況を管理不能な状態にしてはならない」との希望を伝えた。

大統領は弟の司法長官ロバートに、早急に駐米ソ連大使ドブルイニンと極秘で会うよう命じた。あくまでも、大統領の命令ではなくロバート個人の意見として、ソ連を非難し、ミサイルの撤去を改めて求める大統領の意向を伝えさせたのだった。隔離を非難するドブルイニンに対して、ロバートは「結果がどうなろうと知ったことじゃない。こっちは全部の船を止めるだけだ」と伝え、海上隔離への強い決意を表したのだ。

緊迫の時——核戦争一分前

翌一〇月二四日。エクスコム関係者は相当に緊張していた。キューバにあるミサイルのほとんどすべてが発射可能な状態になった情報が届いたからだ。同時に、ソ連船舶がキューバに向けての航行を続け、この日の正午頃にはアメリカ海軍が待つ封鎖地点に到達すると予測されたのだ。ソ連の潜水艦もすでに封鎖の領域で確認されていた。ケネディは全軍を第二段階の警戒態勢、つまり全面戦争直前の準備段階に入らせたのだ。

この時のことを後刻、ロバート・ケネディがこう描写している。

我々が絶対に来てほしくないと思っていた瞬間だった。我々が感じていた危険と関心とが全員の上に雲のように覆い被さっていた……この数分間は大統領にとっては最も不安なときだった。彼は手を挙げると、口を覆い、そして拳を握りしめた。グレーの暗い目には緊張が走り、我々はただテーブルを隔てて互いを見つめ合うだけだった。世界は絶滅の淵にあるのか？　自分たちは何か間違ったことをしたのだろうか？……まるで絶壁の縁に立っているようで、そのまま落ちて行くだけしかないようだった。(23)

現場にいて政策立案と実施に関わった者の臨場感あふれる描写だ。アメリカを直接攻撃できるミサイルがキューバにあることは絶対に許せないケネディ政権とキューバ防衛の約束を反古にできないフルシチョフとの鍔迫り合いは、最後の局面を迎えようとしていた。

しかし、この緊迫の部屋に海軍情報部からの情報が届いた。現在キューバ領海域にいる六隻のソ連船舶が停止したか、反転した、という情報だった。キューバ領海域がどこのことか、船舶が停止したのか反転したのか、その船舶はキューバに向かっているのか、離れているのかなど、不明な点の多い情報だったが、ホワイトハウスの緊張を一気に和らげるものだった。

しばらくしてから、キューバに向かっていたソ連船舶が急にUターンをして封鎖の強行突破を避けた事実が確認された。とりあえず、最悪の状況は避けられたのだった。ただ、まだミサイルはキューバ国内にあった。それでも事態がよい方向に動いたことは確かだった。

そんな安堵感を破るように、翌日夜フルシチョフから別の書簡が届いた。この中で、彼はキューバへのアメリカの態度を「堕落した帝国主義」と呼び、隔離政策には従わないと宣言していた。ソ連はキューバに対する自分たちの権利を守り、そのためになるなら「必要なあらゆる手段を取る」と述べていたのだ[24]。

ケネディはこの書簡から事態の収拾が想像以上に困難だと確信した。国連事務総長のウ・タントが両国間に冷却期間を設けるために交渉役を務める旨の提案をしてきたが、大統領はこの申し出に即答しなかった。

一〇月二五日、国連の安全保障理事会での会議がテレビ中継された。アメリカの国連大使のスティーブンソンがソ連のヴァレリアン・ゾーリンに鋭く迫る様子が国民に知れ渡った。

キューバに攻撃用ミサイルを持ち込んだことを非難するスティーブンソンに対して、「自分はアメリカの法廷にいるわけではない」ので、「検察官が質問するようなかたちで向けられた質問には答える必要はない」と答えをはぐらかした。

これに対して「あなたは世界世論の法廷にいるのです。イエスかノーか」と怒りを込めて迫った。これまでのイリノイ州知事、そして五二年と五六年の二度にわたる民主党大統領候補としての経歴では見せたことがない姿だった。知事時代に州内のマフィアがらみの不法な賭博を徹底的に取り締まったほどだから、相当に芯の強い性格の持ち主ではあっただろうが、このときばかりは声の調子も形相もすさまじいものだった。

それでも明確に答えようとしないゾーリンに対して、スティーブンソンはＵ２型機が撮影したキューバ国内のミサイル基地の大伸ばしした写真を示した。世界はこのとき初めて、事態の大きさを知ることになった。ソ連とキューバはまさに世界世論の非難を浴びることになったのだ。

エクスコム――最後の対立

一〇月二六日のエクスコムの会議は冒頭から空爆開始の意見で紛糾した。封鎖線を強行突破しようとするソ連船がいない以上、そしてミサイル基地が存在している以上、隔離政策は失敗だったというのだ。基地のさらなる拡大・充実化が防げたという効果もあったはずだが、軍事行動のみがミサイルをキューバから消し去ることになるのだとの軍部の主張は以前よりも強硬だった。事態は最悪の状況を迎えていた。

そのような時に、フルシチョフからの手紙が届いた。平和的解決を強く望んでいるという趣旨の内容だった。もう話し合う時ではない――でも、破綻は避けなければならないとして、解決への提案をした。「アメリカがキューバへの軍事侵攻を実施したり、それを支援したりしないと約束」すること、そして「海上封鎖を中止する」ことを条件に、ソ連はキューバから引き上げるとの提案だった。(25)

アメリカが二つの条件を飲めば、ソ連がキューバに留まる理由はなくなるというのだ。明確にミサイルを撤去するという文言はなかった。「ソ連の軍事専門家たち」の存在理由はなくなるというあいまいな表現だった。しかし、キューバの安全が保証されるなら、ソ連がキューバ内にいる意味がない――ということは、つまるところ、ソ連が運び込んだミサイルも用はないということだった。おそらくは、ソ連軍部からの不撤退の強い圧力のなかでの精一杯の表現だったのだろう。

この条件はケネディにとっては問題なかった。平和的にミサイルが撤去されるのであるなら、最善の条件だった。これを受け入れることを決めるために開かれたはずの二七日のエクスコムは再び緊張に包まれたのだ。

ミサイル基地の建設がさらに進展している証拠と、六隻のソ連船と三隻の東側の船舶が封鎖線に向かって進んでいるという情報とが示されたからだ。フルシチョフの手紙は一種の「目くらまし」で、アメリカを油断させる目的だったのだという軍部の疑いが強まった。そこにもう一通の手紙が届いた。前の日のものとは大きく異なり、「アメリカが攻撃用の武器」としているものをキューバから撤去するが、それにはトルコにあるアメリカのミサイルを撤去することが条件だと明言していた。

ミサイル撤去に関しては前日の手紙よりも一歩前進だったかもしれないが、ヨーロッパおよび中東の防衛のためにトルコに配備しているミサイルを撤去することは、西側同盟国に不安を呼び、アメリカに対する信頼を失わせることになるのではないかとの懸念が、交渉重視の穏健派のなかにもあった。

しかも、この日、キューバ上空を飛行中のU2型機が撃ち落とされる事件が起きた。パイロットは死亡した。この知らせに軍関係者は一気に態度を硬化した。即時空爆しかない——二九日を大規模空襲の実行日とし、同時に侵攻部隊も送り込むべきだと強く主張した。

ケネディは大統領として頑なに軍事行動には反対した。空爆は核戦争に続くとし、平和的なミサイル撤去の方策を探るべきだとの考えに固執した。そして、これを実現するのは、フルシチョフの最初の手紙にのみ返答することだとして、軍部を抑えた。

ケネディはフルシチョフに宛てて、すべてのミサイル基地建設の中止、すべてのミサイルを打ち上げ不能にする、そしてこの二点を国連監視団によって確認させる——これらの条件が満たされたら、アメリカは海上封鎖を解き、キューバへの軍事行動はいっさいしないと確約する、という内容の手紙を送った。

フルシチョフにこう返答した直後、ケネディはロバートをドブルイニンとの密会を再度実行させた。大統領の返答は本心からのものであること、同時に軍部の強硬な意見を排除して出したものであることを告げさせたのだ。ロバートはドブルイニンに大統領の意向を伝えると同時に、アメリカ機の撃墜によって軍部はもう抑えることができないほど激高していることを話し、平和的解決にはもう時間がないと告げていた。

トルコのミサイルについては「撤去には同意する。ただし、キューバのミサイルが撤去されたあとで」ということを告げ、ただし非常に微妙な問題で、大統領がフルシチョフの要求に屈した印象を与えたくない。それは軍部をさらに怒らせることになるからだ。したがって、トルコのミサイル撤去に同意していることは絶対に外部にもらしてはならないと念を押していた。[26]

これによって、すべてはフルシチョフの決断に委ねられることになった。

実はアメリカ以上にソ連の戦闘準備は進んでいた。出動態勢は整っていたのだ。アメリカの軍部以上にソ連の軍部は強硬だったのかもしれない。

決着へ

フルシチョフの決断は早かった。すぐにラジオで、「アメリカ大統領の提案を受け入れる」旨の発表をした。戦争回避の意図を速やかにアメリカおよび世界に知らせるためだった。

この内容は一〇月二七日午前九時にワシントンに届いた。危機は終わった。世界は核による破滅の縁から戻ることができたのだ。すべてのミサイルが完全にキューバから撤去され、同時にアメリカの隔離政策も終わった旨をケネディが公表したのは約一ヵ月後の一一月二〇日のことだった。

弟のロバートが『13日間』の中で述懐していることだが、アメリカが相手の立場を理解して、フルシチョフを困惑させることのないようにしていたこと、そして米ソ両国の最高首脳同士が戦争の無意味さを十分に理解し、平和的解決を目指したことは評価すべきだろう。

これをドブスは「ほんどうの幸運」と呼んでいる。

ただし、私が中公文庫版の『13日間』の「解説」で記したことだが、忘れてはならないのは「……フルシチョフがキューバでのミサイル基地建設を決断しなければ、またケネディがそのミサイルを強制撤去させようとしなければ、決して起きなかった」のがこの危機だった。「その意味では危機は二人の指導者が起こしたものと言えないこともない」ということだ。(27) 戦争を望んでいない二人の指導者がいたことは幸運であったし、キューバ危機が最悪の終結を見なかったことがその二人の指導者の功績だったことは間違いない。だが、その二人をもってしても、「危機的状況」が生じる、いや生じさせる力があることを、我々はこの危機から改めて学ばなければならないのだ。

その力のひとつは軍部という組織だろう。あるいは特殊の地位についた「軍人」と言うべきかもしれない。エクスコムで最初から最後まで即時空爆と侵攻の実施を主張して譲らなかったのが制服を着た軍関係者だった。憲法上は最高司令官である大統領に絶対に従わなければならないはずの彼らは、その大統領に対して必死に逆らおうとしたのだ。その意味では、ケネディ大統領が彼らに決して譲らなかったこと——ピッグス湾のときも、ベルリンの時も、そしてミサイル危機の時も——は賞賛に値する。同時に、同じように軍部の要望を拒否し続けたフルシチョフの政治力も高く評価するべきだろう。

たとえば、フルシチョフのラジオ放送の内容がホワイトハウスに伝えられ、誰もが危機が終わったと確信していた翌日にでさえ、空軍参謀のルメイに率いられた強硬派は「空爆を実施すべき」という文書をケネディに提出しているのだ。

国防長官だったロバート・マクナマラも彼らに与していた一人だったが、晩年出版した回想録の中で、すべてが終わった数日後に大統領が参謀本部と軍の関係者をホワイトハウスに招き、この一三日間の努力と苦労に感謝と慰労の念を表したときに、ルメイが「俺たちは負けたんだ！

今日にでもキューバに出て行って、奴らを叩きのめすべきなんだ」と叫んだと記録している。海軍参謀のジョージ・アンダーソンも「反吐が出そうだ」と反抗態度を示し、即時侵攻を主張したという。大統領は「明らかにショック状態」だったという[28]。

彼らはケネディの判断をソ連への完全な降伏とみていた。自分たちの主張が拒否されただけでなく、結果がフルシチョフの要請通りだったことで「降伏」であり、「負け」というのだった。

しかし、そのケネディ大統領自身はミサイルをめぐる攻防を勝敗で判断することに強く反対していた。ケネディが取っていた態度は、あくまでも自分の基本的な考え――ミサイルを撤去すること、キューバを敵国とすることではない――を明確にしたあとで、その後の選択をフルシチョフに委ねていたのだ。彼はむしろミサイルの完全撤去という、明らかにソ連が従いそうもないことを主張し、そのためであるならと戦争行為に当たる海上封鎖まで実施した。ケネディは戦争を回避するのではなく、むしろ対決に向けて強硬な態度を取っていたのだ。

ミサイル危機はカストロとの約束を反古にしてまでも、経費をかけて建設した基地を破棄し、ミサイルをすべて撤去したフルシチョフの決断によることの方が大きいと言える。平和を選択したのはフルシチョフで、軍事対決をちらつかせていたのはケネディだった。

勝ち負けで判断すれば、平和にとっての勝者はフルシチョフになる。ケネディは敗者だった。もちろん、フルシチョフに平和を選ばせたのはケネディの判断で、そうして相手に「よい人」になれる機会を与えることで、危機を回避したケネディの手腕だったとも言える。

ミサイル撤去は現実には相当な屈辱である。米ソ対決では完全な負けである。しかし、フルシチョフが感じるはずのその屈辱感や敗北感は、平和を選んだのは自分だと思わせることによって、彼の自尊心や自己意識を満足させることができたのだった。ケネディは自らに与えられる評価以上に、相手に対していたわりの気持ちを持っていたのだ。このことは国際問題だけでなく、我々一般の日常生活を円満に進めていくためにも十分に認識しておかなければならないことだろう。

ケネディ大統領はミサイル危機の結果をアメリカの勝利とすることには断固反対だったと、ロバートも記している。「……危機がすべて去ったあとでさえ彼（大統領）は、有頂天になって喜び、ソ連に屈辱を忍ばせるような言動を、いっさい許さなかった。彼はこの事件を、彼自身あるいはケネディ政権の、手柄であることを示すような声明は、いっさい行わなかった(29)」。これがケネディという大統領の人間性だったし、その人間性ゆえに世界が救われたのだった。

軍部拒否――ケネディの偉大さ

アメリカン大学の演説でいみじくもケネディが言ったように、「平和の追求が戦争の追求ほど劇的でないこと」は確かだ。それだけに軍部が主張する軍事力行使に反対すること、これをどのような時にでも拒絶することは、一人の政治家にとって相当に困難なことだ。歴史がこのことを教えてくれている。

だが、ケネディは在任中の二年半、軍部の強い要請や圧力に負けなかった。彼の偉大さだ。

彼が海軍の将校として南太平洋の任務についていたとき、彼が指揮官として乗船していた魚雷艇が日本の駆逐艦「天霧」と衝突して一人の前途ある青年を失い、大火傷を負った一人を含む一一名の乗組員の命を守ったことは広く知られている。その行動によって軍から勲章さえ授与されている英雄となったことも有名な逸話だ。

しかし、現実に衝突事故が起き、ケネディ艇が大破した周辺には、同じ訓練に参加していた魚雷艇やその訓練を指揮するための将校たちを乗せた船もいた。大破したケネディ艇は火傷の乗組員もいたほどだから燃えたのは事実だ。暗い海の上で仲間の船が大破し、乗組員が海に投げ出されていたと十分に判断できたはずであったのに、周辺にいた仲間たちは彼らを救助しようとはしなかった。むしろ、早々に現場を離れていた。

事故直後に海に漂いながら仲間を探し、そして救助を期待していたケネディの失望感は相当に大きかったと想像できる。同時に、この時、ケネディの心のなかに、軍人や軍部に対する不信感が生まれ、兵隊や水兵たちを人間とも思わない彼らに対する憎しみに近い感情が湧いたと想像することも可能だろう。

ヨーロッパでの終戦直後にベルリン入りした彼が、二度と戦争をしてはいけないと強く意識したのも、この軍部に対する不信感が原因だったと想定することもできるはずである。

軍部や軍人たちの思い通りにはさせない、という強い決意がケネディの心にあったことは、我々すべてが今なお、強く記憶しておかなければならないことだろう。戦え、という勇ましい声は大きな魅力になる。平和は弱腰で、勇気のない者が望むことでしかないという認識は、ともすれば今の世の中にもある。今の政治家たちも心のどこかで思っていることでもある。

この思いが軍部の主張を当然のこととして受け入れることになる。かつての日本も同様だった。だが、戦争は否応なく人の命を奪うのだ。人の生活を破壊するのだ。勝った国や勝った国の指導者は「勝利」による名誉を手に入れるだろう。しかし、そんな名誉と一人の人の命を比べたら、一体どちらが重いのだろうか。ひとりの人間の命の方がずっと重いはずだ。ひとりの人間が自分の人生に賭けた夢と、人生を築くために日々立ち向かっていった努力と、政治家が歴史に残す「名誉」とが比較の対象になるはずはない。

軍人たちは、無意識かもしれないが、どこかで自分たちの力量を信じ、そして自分たちの名誉を考えているだろう。それが戦争に彼らを駆り立ててしまう原動力になるのだろう。そんな軍人たちの忠告や要望を聞いてしまったら、強硬路線を進まざるをえなくなる。

ケネディが暗殺一ヵ月前にベトナムからの撤退を決意し、その方向に進んでいたはずなのに、彼の死後、一気に全面的介入に突き進み、北爆さえ強行することになったのは、後任のジョンソン大統領が軍部の要請を拒否できなかったことにあった。このことを思うにつけ、軍人の助言を否定し続けたケネディが死後半世紀たっても慕われるのは理解できよう。

平和が正しい道だとすれば戦争につながる政策は執らない、戦争は二度としないという決意がいかに重要なことか。ケネディの正しい道は正しいから進むという精神こそが、彼が自らの生きざまを通して教え諭してくれたことだし、我々はその後を追っていかなければならないはずなのだ。

実は一九六一年四月から、彼は強烈に自己主張をしていたのだった。就任直後からずっと、折あるごとに。国民に向けての演説のように表面に出る動きではなかった。あくまでも政権内部での出来事だった。しかし、自分の政権を動かしたケネディの正義の主張と決断は、無視できないほど重要なのだ。

なぜなら、それは軍部との決定的な対立だったからだ。軍部の主張を受け入れることなく、最後まで拒み続けたからだった。軍人たちが目前の事態打開のために軍人としての判断から主張することを、ケネディは絶対に受け入れなかったのだ。彼らの主張は間違っていて、自分の主張が正しいから。

*　*　*

本章で、ケネディがその在任中、軍人たちの要求をことごとく拒否したことを扱ってきたのには、平和を維持するのに武力を用いない彼の決意の強さを明らかにする目的があった。それは我が国の現安倍政権での外交に不安を感じるからだ。

戦後の歴代の内閣が日本国憲法の制約の中で、営々と築き上げてきた防衛のための原則、つまり自衛隊の在り方や活動のための指針を、その詳細さえ明らかにされていない「閣議」で完全に覆し、自衛隊の海外派遣を容易にし、そして日米同盟という美名のもとにアメリカ軍の活動に積極的に協力し、ともに戦うことさえ決めてしまったのが、現政権だ。日米共同演習は当然となり、アメリカの要請での防衛力増強（つまり、アメリカからの武器購入）にひた走り、ついには二〇一八年、海上自衛隊がアメリカ海軍と共に、南シナ海での演習を行うということさえ容認（あるいは、黙認？）されることになった。

中国がことさらにその権限を発揚しようとする海域で、ことさら軍事演習をすれば、日中関係にどれほどの影響を与えることになるのか——安倍首相は慎重に検討したのだろうか。

安倍政権での「積極的平和」という標語での軍事優先とさえ思える政策が、自衛隊からの要請だったり、あるいは自衛隊関係者の考えが大きく影響を与えたりしているとすれば、日本にとって非常に危険なことだと言える。

ケネディが一九六一年に時の池田首相をワシントンで特別に歓迎してくれたときに、彼は日本を「よきパートナー」だと言った。[30] 日本では「イーコール・パートナー」と報道されたが、平等という意味の「イーコール」をケネディが使った証はない。

パートナーはあくまでも仲間であり、ケネディが意味したのは、ひとつは民主主義国であるゆえの仲間、繊維問題があったものの互いに重要な貿易相手国であるゆえの仲間であって、軍事的な意味はまったくなかった。逆に、彼は日本の軍事力はアジア諸国に脅威となり、アジアの安定を乱すことになるので、当時の「専守防衛の最低限の自衛力」をヨシとしていたのだ。

同盟とは当然に「軍事」の意味が強く意識されるので、日本からあえて「日米同盟」ということばを使うと、当然、日本が軍事力を重視すると思われるのだ。

それはそれとして、軍事力を重視するようになると、当然軍事専門家としての「軍人」の発言力は強まることになる。だからこそ、ケネディのように彼らを極力排除する必要があるのだ。ケネディ亡きあと、軍部の意向を受け入れたジョンソン大統領がベトナムの泥沼に入り込み、五万人を超えるアメリカ兵の命を犠牲にすることになったことを改めて思い出してほしい。

日本でもこれまでは「防衛庁」の管理下で、内閣による厳密な憲法解釈によって遠慮がちに存在していた自衛隊の関係者(自衛隊が軍隊でない以上、軍人とは言えないので……)が、「防衛省」に格上げされ、そして安倍政権によって防衛費の大幅増大の恩恵を受け、しかも近隣周辺情勢が軍事的に危険な状態だと主張する総理大臣の下で、次第にかつての控えめな態度を変えつつある。

二〇一五年九月二日に参議院の特別委員会で仁比聡平(共産党)がある文書に関して質問した。「……陸海空の自衛隊を束ねる統合幕僚監部が、法案の八月成立を前提にして、国会と国民には説明せず、海外派兵や日米共同作戦計画などについて具体的に検討していることを示す」ものだった。[31] この引用の中の「法案」とはもちろん集団自衛権の行使を当然とする安全保障関連法案のことだ。

この文書が問題だったのは、前年の一二月一七日にアメリカの参謀本部総長だったレイモンド・オディエルノと会談した統合幕僚長の河野克俊が、日米ガイドラインや安保法制の改革の進展具合を尋ねて来た前者に対して、「来年夏までには終了するものと考えている」[32]と発言したことが記載されていたからだ。自民党がこの年の総選挙で勝ったというだけで、まだ法案自体の具体的内容など国民の誰ひとりとして知らされてもいない時点、しかも国会の審議という重大な過程を経なければならないときに、まだ形もない法案が成立する時期を明言したのだ。

この安保関連法案は強行採決されることになったが、国会では野党の執拗な反対があり、国会周辺にも相当数の人が集まり反対の声を上げているなかで、それでも強行採決をしたのは、この河野統合幕僚長の発言、つまりアメリカとの約束があったためだったとしたら、背筋に冷たいものが走るのは私だけではないだろう。

統合幕僚長の発言が彼の暴走だったのか、あるいは安倍首相が承知の上だったのかは、例によって仁比議員の提示した文書は「存在しない」という政権側の主張によって、精査することはできないが、いずれにしろ軍事優先の傾向が出てくると、「文民統制」などに期待できないのが日本の現状である。

これから先、自衛隊（統合幕僚会議）の意向が政策に反映されるようになる恐れがある。アメリカでも、徹底的に軍部を抑えた戦後の大統領はケネディだけだろうが、それだけに総理大臣になる日本の政治家に、それでもケネディのように軍部を拒否できることを祈るのは無理なのだろうか。これが単なる危惧であることを願うばかりである。

第四章　もうひとつの遺言——安倍政治は滅びへの道

私が中学二年生から高校一年生だった時期がケネディ大統領の在任期間と重なる。アメリカの若い大統領ぐらいの関心しかなかったけれど、そんな高校生にも彼の突然の死は大きな衝撃だった。大袈裟に言えば、その衝撃が私を「ケネディ研究」に導いてくれた。

しかし、ケネディ大統領を理解するにはアメリカの歴史、政治、社会を知らなければという思いから、私はいつしかアメリカ政治を専門とする道を歩くことになっていた。そして、その道も終点に達し、ケネディの最後の思いを彼の「遺言」として理解できるようになった。彼のその思いを何とか今の世の中で実現するとは言わないまでも、役に立たせたいと願う気持ちが強くなった。

本章では、そんな願いのなかで、ケネディが理想としたアメリカと世界を念頭に、現在の日本を考えてみたいと思う。

ケネディが理想としたことが正しいことだったのかどうかは議論の余地のあるところだろう。

しかし、ひとりの若い大統領が、おそらくはそのために命を落としたと思われる思いを語っていたこと[1]は、それなりに振り返る意味があるはずであり、彼の死後半世紀を過ぎてなお彼の理想とは逆方向に進むかに思える世界と日本を見直す意味は決して軽くないと思われる。

以下のことは、齢七〇を過ぎてひと通りの仕事を終えた一人のケネディ研究者が残していくもうひとつの遺言、いや一人の老人の繰り言としてとらえてもらえればと思う。

いまの日本をケネディとアメリカという枠組みで見るときに、大きな問題と思われるのがいくつかある。ひとつは「憲法」であり、二つは「多数決、ひいては民主主義」の問題であり、そして三つが将来の日本像である。

アメリカ合衆国憲法

憲法について考えるとき、世界最初の成文憲法であるアメリカ合衆国憲法を顧みることは十分に意味のあることだと思う。

アメリカ合衆国憲法が制定されたのはイギリスからの独立後一〇年ほどした一七八七年だった。批准の手続きが終わり、効力を持って現在のかたちでの運用が始まったのは二年後の一七八九年だった。この年に最初の連邦議会が開かれ、ジョージ・ワシントンが初代大統領として就任し、最高裁判所が機能を開始した。

この憲法だが、本書の第二章でも折に触れて説明したように、当初から「絶対的な」力をもっていたわけではない。最終的には南北戦争の要因となった州と連邦政府の優位性の問題や黒人奴隷制度の問題、あるいは奴隷制度廃止後は人種差別の問題など、制定直後から問題を抱えていた。そして、そうした問題を、たとえ時間がかかっても、また予想しなかった武力闘争を経験しながらも、何とかその憲法を維持してきたのがアメリカという国であり、その国民なのだ。

誕生時のアメリカはいま我々が見るアメリカではなかった。イギリスの植民地として発展した一三の植民地は、それぞれが別個の理由で設立され、発展した。そのために、同じ言語を話し、イギリスでの同じ歴史を共有していたとしても、植民地は互いに競争する存在だった。マサチューセッツ湾植民地、ニューヨーク植民地、ペンシルヴァニア植民地は西の奥地の領有・開発をめぐって武力衝突を起しそうになるような対抗意識を持っていた。

それが一八世紀の半ばに、イギリスからの税の取り立てという問題が発生したときに、これを共通の脅威であり、共通の解決するべき問題と受け止めたために、一致団結してその事態に向かうことになったのだ。「大陸会議」の誕生だった。

これ以前にもベンジャミン・フランクリンらによる統合組織の検討がなされたことがあったが、実を結ぶことはなかった。イギリスからの新たな要求という共通の脅威の存在が各植民地の代表が集まる情報交換の場を必要とし、すべての植民地が共同歩調を取るための話し合いをする場とを必要としたのだった。

この「大陸会議」は一三の植民地全体の利益のために設立されたことは確かだが、各植民地の独立性が強いため、必ずしも統合体の政府という権限を有していたわけではなかった。

一七七五年四月にマサチューセッツ湾植民地のボストン市郊外のレキシントンとコンコードでの植民地民兵とイギリス軍の武力衝突が起きた段階で、各植民地から民兵組織を提供し合い、これを統合した「植民地軍」としてイギリスに対抗することになった。この植民地統一軍を率いる総司令官となったのが、後年、初代大統領となるジョージ・ワシントンだった。

翌年、武力闘争が独立のための闘争へと質的変化を遂げたために、フランスとスペインの援助を受けることになった植民地側は、ついに一七八三年にイギリスを降伏させ、独立を獲得することになった。

独立宣言が出されて独立のための戦いとなったとき、大陸会議の存在が問題になった。もはや、「植民地」の統合体ではない、独立した国々の統合体となったからだ。そこで、彼らは統合体としての軍隊をもって戦っている以上、統合体そのものをもっと確固たる基盤をもつものとするべきという意識から、「連合規約」(2)という規定を作り上げた。これは現行の合衆国憲法の前身と言える法規だが、一三の新しい独立国が、対英戦争継続のための統合の必要性は理解してはいても、結局自分たちの独立国としての権利を守ろうとしたために、非常に弱い連合組織を作っただけだった。今では州と呼ばれている各独立国が連合体よりも優位になっていた。

国際連合を思い浮かべればよいと思うが、"the United States of America"という名前を持った国際機関が連合規約の下で生まれた「アメリカ諸国連合」だった。対英戦争が終結し、アメリカ大陸に落ち着きが戻ると、連合規約の欠点ばかりが目立つようになった。度量衡さえ統一できず、大陸内の通商を管理することもできず、独立国家間の小さな紛争さえ解決できなかったのが「アメリカ諸国連合」という連合体の実態だったのだ。

しかも、各国内では、それぞれが独自に作り上げた政府がうまく機能できないでいた。議会を持ったものの、効果的な政策を生み出すこともできなかった。そのため、戦争はなくなったのに、社会状況は実に不安定だった。歴史的には戦争が終結した一七八三年から次のステップが取られる一七八九年までの期間を「危機の時代」と呼んでいるほどだ。役に立たない連合体など解散・解消するべきだという主張さえ大きな力を持つようになっていた。

当時の政治家たちのなかでそんな状態に心を痛める人たちが、事態打開のために動き出し、フィラデルフィアに集結したのが一七八七年四月頃からだった。彼らが一堂に会して真剣に新しい連合組織について話し合いを始めたのは五月に入ってからだった。これから九月一七日まで、十分な休みさえないまま徹底的に議論し合い、その結論として成立させたのが現行の「憲法」だった。

一応会議参加者たちのうち四〇名が署名した新しい連合組織の基本的な取り決めだった。法学的には「基本法」と呼んでいるが、彼らがこの同意した文書につけたタイトルは"Constitution"

だった。日本では普通に合衆国憲法と呼んでいるが、注意しなければならない点がある。Constitution（コンスティテューション）は本来は「構造」「構成」「組織」という意味であることだ。日本語訳としては「憲法」の意味が普通になっているが、あくまでも新しい国の構造、つまり在り方（組織としての運営の仕方）を規定したものなのである。

まだ国自体の存在がないときに、そのあるべき姿を規定したのだ。この規定が住民によって認められて初めて国が動き出すわけだ。このコンスティテューションの成立をもって「アメリカ諸国連合」は「アメリカ合衆国」となったわけだが、以前はあくまでも「連合」という名でしかなかった連合体が、「国」と呼べる連合体に変身したと言ってもよい。

では、役立たないと評価された連合規約と新しいコンスティテューションとでは、組織の実態はどう違ったのか。前述したように、独立後に独立国家としての権利を最重要視して作られたのが連合規約だった。これがうまく機能しないために、連合体自体に国としての役割を与え、しかも一三の国々には基本的に独立国としての地位を保証することにしたのだ。小さな国々が集まってより大きな国家をつくる——だが、小さな国々が本来持つ独立性は維持する「連邦制度」という綱渡り的な仕組みを作り上げたのだ。

実は、こうした形の統合国家は歴史的にはすでに存在していた。古代ギリシャ、ドイツ、ポーランド、スイス、オランダなどが、この「連邦制度」を採用していた。アメリカが初めてではない。だが、すべてが失敗に終わっていた。連合体の中央政府の権限が強すぎたか、あるいは逆にそれが弱すぎたかが主な原因だった。

合衆国憲法制定にあたっては、当然、こうした歴史的事実は大きな意味を持っていた。どうせ失敗するのだから連合体自体を解消しようとする主張にそれなりの説得力を与えていたからだ。しかし、対外関係を考えても一三の国々が別個に他国との関係を持つよりも、統合体として外交関係を持つ方がよいし、アメリカ大陸にいる先住民対策や北にいたフランス、南と西にいたスペインとの関係を考えれば余計に統合体は必要なのだという意見が、解消論を鎮めることになった。したがって、過去の失敗に学びながら、失敗しない連合組織を作るというのが重要な課題になっていったのだ。強すぎない連合体——同時に弱すぎない連合体、という幻の国家をつくらなければならなかった。これがアメリカの憲法だった。

彼らが到達した結論は連合体の政府が持つ権限を明確にし、限定することだった。強すぎる中央政府を嫌った彼らは、「必要最低限の権限」をのみ与えることで「強くなりすぎない、でも連合組織を運営する上である程度の強さを持った」政府にしようとしたのだ。同時に連合体を構成する国々には連合体に参加するために失った独立国家としての権限（たとえば他国と外交・戦争する権限、貨幣や度量衡への権限）は失うものの、本来の独立国として持っているはずの権限は保持するとしたのだった。

これらは最終的に憲法第一条の第八項、第九項、第一〇項として明記された。アメリカ式連邦制度の誕生だった。

合衆国憲法の制定者たち

こうして最も大きな問題を解決して新国家を生み出したのがアメリカ合衆国憲法、そして世界最古の成文憲法だったが、我々がこの憲法を見るときに注目しなければならないのは、次の点だ。たとえばいま述べた第一条第八項だが、中央政府の議会（連邦議会）が持つ権限について規定している。議会が政府の最重要機関だとの認識があるので、この場合、議会が持つ権限とは合衆国が持つ権限と言い換えてもよいのだが、その条項の冒頭に「連邦議会は次の権限を有する」とある。通常、こう訳されている。この文を読む限り、連邦議会は始めから特定の権限を持っていると理解されるだけだ。

ところが、原文は“The Congress shall have power to……”となっているのである。to は不定詞の to で、このあとたとえば「課税する」とか「宣戦布告する」とかという具体的に連邦議会が「できる」ことが続くのだが、より重要な問題は「有する」と訳してきたところだ。ここは実は“shall have”という表現になっている。英文法の学習時に説明されることだが、ここで使われている shall が見過ごせない単語なのだ。主語が二人称、三人称で使われる shall は「話し手の意思を表す」という日本人には理解しにくい使い方だからだ。つまり、この英文を正確に訳すと「連邦議会には次の諸権限を与える」となるのだ。「話し手の意思」だから直訳的には「……諸権限を持たせてあげる」となるが、ここでは「持たせてあげる」をあえて「与える」と意訳した。「権限を有する」という表現と「権限を与える」という表現の違いに気づいてほしいのだが、「有する」が「本来持っている」という意味になるのに対して、「与える」は明らかに本来は何も持っていない対象に対して、誰かが何かを与えてあげる（持たせてあげる）となるのだ。この違いは「憲法」自体の意味に大きな相違をもたらすほど需要であるはずなのだ。

「有する」とすると、連邦議会は以前から存在し、すでに何らかの権限を持っている――そして、いま新しい憲法を作るけれど、その憲法のなかでも本来持っている権限はそのまま持っているよ、という意味になる。ところが「与える」は、当然、何も権限を持っていない連邦議会に初めて特定の権限を持たせてあげるよとなる。

では、この「持たせてあげる」「与える」のは誰なのかが次に注目するべき事柄になる。当然、議会に権限を与えられるのは憲法を作り上げた人たちだ。では、それは誰か。

合衆国憲法の前文は「我々合衆国の人民は、より完全な連邦を形成し、正義を樹立し、国内の静謐を保証し、共同の防衛に備え、一般の福祉を増進し、我々と我々の子孫の上に自由の祝福の続くことを確保する目的をもって、アメリカ合衆国のために、この憲法を制定する」(3)と宣言している。憲法制定のための六つの目的を明示し――つまり、合衆国が必要な理由だ――たうえで、「我々……人民は……この憲法を制定する」と宣言した。

ということは、「我々……人民」が憲法の制定者なのである。つまり、アメリカ合衆国を作り上げたのは一部の政治家たちではなく、そこに住む人々なのだ。合衆国という国家も、その政府も自分たち一般の人々が作りあげたものなのだというのだ。これこそが「国民主権」の本来の意味のはずだ。

先に進む前に、この部分の日本語訳の気になる点だけ補足の説明をしておきたい。

冒頭の部分だが、"We the people of the United States"が原文だ。ひとつはここで使われている「the United States」なのだが、和訳されている「合衆国」が正しいのかは問われなければならない。歴史の時間経過を考慮する限り、この前文が書かれた時点では、当然、まだ「アメリカ合衆国」は存在していないのだ。憲法が成立して初めて合衆国が誕生する以上、憲法案が出来上がった段階では、まだ憲法がその成立に向けての手続きを始める以前の時点では、憲法が作ろうとしている国が実在していないのだ。したがって、この冒頭部分で「合衆国」というのは、明らかに間違いだろう。

先にも触れたが、連合規約の下で生まれた連合体は「the United States of America」と呼ばれていた。結果的には、原語では連合規約の連合体と新しい憲法の下での連合体と同じ名前を使っただけのことで、原語を話す人々には違和感はないかもしれない。しかし、日本語として表現する以上は、厳格でなければならないだろう。存在しない国に「我々」はやはり存在しないのだから。

ここでは本来は「我ら諸国連合の」としなければならないはずなのだ。つまり、すでに存在するアメリカ諸国連合で暮らす人々が新しく生まれる合衆国、そしてその議会に「諸権限」を与えるという新国家の主体者となるわけだ。

アメリカ憲法は国が存在する以前に作られた、そしてそれゆえに国家の「基本、根本」なのだ。

日本国憲法の場合

現在の日本国憲法もその冒頭で次のように述べている。

「日本国民は……ここに主権が国民に存することを宣言し、この憲法を確定する」。国民自らが主権者であることを宣言し、憲法の制定者であることを明言している。「確定する」という表現は厳密に言うと、すでにある何かを「よし」とするものという意味になりそうなので、アメリカ憲法のように制定するとした方がふさわしいのではないかと思うが、一応、日本国民が憲法の主体者なのだと宣言している点は重要だろう。

今日、安倍晋三首相をはじめとして日本国憲法を改憲するという勢力があり、すでに自由民主党による改憲案なども出されているが、政治家（議員、大臣）たちがその勢力の中心にあるという状況は本来は実に不可思議なのだ。なぜかというと、前文は第二段でこう宣言しているからである。

「そもそも国政は、国民の厳粛な信託によるものであって、その権威は国民に由来し、その権限は国民の代表者がこれを行使し、その福利は国民がこれを享受する。これは人類普遍の原理であり、この憲法はかかる原理に基づくものである。われらはこれに反する一切の憲法、法令及び詔勅を排除する」

「国民の厳粛な信託」が政治の根底にあり、その国民は本来の「権威」を持っているというのだ。これを「人類普遍の原理」と言い、「この憲法はかかる原理に基づく」としているのだ。つまり、憲法を判断するのは国民であって、他の誰でもない。特に、政治家たち(前文のいう代表者)たちは憲法の規定を守ることに専心するべきであり、これを守らない一切の法は無効だと言っているのである。国民の意識のなかで、憲法を変えるべきとならない限り、政治家たちがこれを変える方向に先頭に立って動くことは本来あってはならないはずである。憲法違反とは言えないまでも、国民の信託に応えない、道義的義務違反であることは確かだろう。

しかも、憲法第九九条には明確にこう記されているのだ。「天皇又は摂政及び国務大臣、国会議員、裁判官その他の公務員は、この憲法を尊重し擁護する義務を負ふ」。総理大臣は、そしてすべての政治家は、その地位にある限り、憲法を尊重し、擁護するのが彼らに課せられた義務なのだ。現職の政治家や大臣、まして総理大臣が改憲などと口にしてはならないのだ。この行為は明らかに「憲法違反」の行為なのだ。「憲法を尊重」する以上、憲法はあるがままで「よし」としなければならない。不満なら、下野して政治家を辞めるしかない。

平成二九年秋には、通常国会の終了後、野党が速やかに臨時国家の召集を要求した。国会の手続きに従って……。憲法は臨時国会召集の要求が出されたら、「……内閣は、その召集を決定しなければばならない」（第五三条）と規定している、つまり、要求されれば臨時国会を開催しなければならないにもかかわらず、安倍内閣はこれを無視した。この行為ひとつとっても、第九九条違反だ。憲法を「尊重」していないことは明白だ。

アメリカ大統領は就任時に「……最大限努力して憲法を守る」と誓約をする。憲法に規定されているからだ（第二条第一項）。大統領は憲法に従う絶対的な義務を負っている。かつてニクソン大統領がその地位を追われるように辞任しなければばならなかったのは、彼のいくつかの政策および権限行使が憲法に違反すると判断されたからだ。

日本では総理大臣たちが就任時に同様の宣言をするかどうかは定かではない――天皇陛下の認証があれば就任できるわけだから――が、道義的に行政府の総責任者として、また一国会議員として、この地位にある者は憲法遵守が当然であろう。憲法第九九条でそう規定されているからだ。安倍首相のように、憲法に従った政治を行わなければならない総理大臣という地位に就きながら、自分は憲法を憲法とは思わないという立場を維持し、そして本来は自らが守るべき憲法を変えることに執着するなど、道義的、政治的に決して許されることではない。

憲法は国の在り方を規定する基本法である。そうである以上、国民も政治家もすべてこれを守ることが原則となるはずだ。これを「立憲主義」という。しかし、社会状況の変化や国民の価値観や考え方の変化によって変えなければならない事態も生じてくるだろう。だから憲法はそれ自体が改憲の手続きを、通常の立法手続きではなく、国民全体による判断に任せているのである。

アメリカ憲法は通常の議会で上下両院がそれぞれ三分の二以上という厳しい条件で採択したうえで、各州で国民が判断して全州の四分の三以上の州が賛成（つまり、各州の州民たちが賛成）しなければならないという、ある意味で過酷な条件を付けているのだ。変える必要があるときは変えられる、しかし変えることは容易ではないとの規定だ。

いま日本国内での改憲派とされる人々は国民投票をより容易にしようとさえしている。国会の両院の三分の二以上の議席を確保している。だから、改憲作業を始めるのだという。安倍首相など、改憲の真剣な議論さえ好まないようで、国会審議を含めての締め切り時間を決めて強行したい様子である。しかも、彼を総裁とする自由民主党は、選挙では改憲のことは公約にさえしないでいて、選挙に勝利したから改憲だ、というのだ。まるで独裁国家のやり方だ。権力の座についたら、自分が好きな形で権力を使える憲法を作る、というのだ。

それにしても憲法は合衆国憲法がそうであるように、あくまでも政府の権限を制限する、別の言い方をすれば権力を持ち、使う者の自由を拘束することで、国民が自分たちの自由と権利を守るために存在するのである。いまの日本国憲法も基本はこの姿勢を貫いている。

しかし、数年前に公表された自民党の改憲案（憲法会議・労働者教育協会編『憲法問題学習資料集2』学習の友社、二〇〇五年など参照）は明確に政府が国民を指導し、監督する条項が多く含まれている。これは最早民主的な、つまり国民主権の憲法ではない。日本は独裁的国家、全体主義的国家になってしまう。本来の民主主義国家であるならば、憲法はあくまでも国民が自分たちのために、自分たちの生活を権力者から守るために作り上げるものである。現憲法の前文では明白にそう述べているし、その意味では内容的にも問題はない。

日本国憲法の前文が読みにくいからと言って変えてしまい、政府の権限拡大を正義としてしまうような改憲は、まさに悪なる行為であり、許されるべきことではない。

第九条の改変

さらに、憲法全体の改憲が困難だと判断した安倍政権は、第九条の改変だけを目標にするようになった。しかも、国民の反発が強いだろうという予想で、第一項の戦争放棄は変えられないと考え、第二項だけを変えるというのだ。戦争を目的とする武力は保持しないとする第二項に、それでも自衛のための武力は持つという文言を挿入する、あるいは、別項として加えるというのだ。

これは第九条が自衛隊の存在と合致せず、矛盾があるので訂正するのだという聞こえのよい喧伝をしているが、そうだろうか。アメリカの憲法の発展を概観しただけでも――大まかに本書第二章でも触れている――国家のあるべき姿を示す憲法と現実生活がすべての面で一致するわけではないことは経験から分かっているはずである。だから、第九条を持つ日本が予期しなかった朝鮮戦争の勃発によって、国として本来持つ自衛権を行使する必要があると判断して自衛隊を持った。しかし、憲法を変える必要などないと国民は判断してきた。矛盾があっても、国家自衛のために――それは外国からの脅威に対しても、また自然災害のような脅威に対しても――必要なのだとの判断で、大多数の国民が容認し、黙認してきた矛盾だった。

いまその矛盾を解消するのだと主張するのが安倍一派だろうが、彼の主張通りになったとすると、それこそ憲法自体に「……戦力は、これを保持しない」が、それでも自衛隊という戦力を「持つ」という実に奇妙な矛盾を抱えることになる。くどいようだが、憲法はあくまでも「基本法」だ。国家のあるべき姿の大枠を取り決めるものだ。したがって、その本体内部に矛盾があってはならない。言語表現として曖昧な表現があることは問題ない。何せ国民のすべてが同じ考えを持っているわけではないのだから、最大公約数的な表現があってもよい。

だが、明確な矛盾はあってはならない。どちらが国家としてのあるべき姿なのかが全く分からなくなるからだ。世代を超えて憲法が生き残ることを考えれば、余計に矛盾を認めることはできない。

安倍一派が自衛隊を「自衛」以上の武力を持つ組織としたいのであるならば、第九条すべてを改め、戦争放棄の表現も消し去らなければならない。そうでなければ憲法が憲法でなくなってしまう。

憲法が前提としている政治の在り方である「国民主権」は決して忘れてはならない。国民が望んでこその改憲であって、大多数の国民が改憲を必要としないとしている時期に、改憲論議を持ち出し、一定の期日以内に改憲するなどという発言は現職の国務大臣として、現職の国会議員としては絶対にしてはならないことなのだ。政治家たる者はこれを十分にわきまえるべきだし、もし自分の改憲の思いが正しいとするのであれば、最低限選挙の争点として自分の政党の全候補者に改憲を公約の一番にさせ、選挙ではこのことを訴えるように指導しなければならないのだ（個人的にはやはり第九九条からすると、問題がないわけではないと思うが——）。

選挙が終わって、うまい具合に多数が取れた、だから改憲論議だ、と選挙戦では沈黙していたことを持ち出すなど、政治的詐欺だ。

多数の暴力

もう一点、アメリカ憲法制定の会議（のちに「憲法会議」と呼ばれることになった会議）での関心は、どのようにして議会での「多数の暴力」を防止し、阻止するかだった。

先に説明した「危機の時代」のアメリカ社会の状況はまさに多数なら何をしてもよい、という多数の暴力が横行していた。財産を多く持つ富者は少数で、全国各地で財産をそれほど持たない多数の人たち、まったく持たない人たちが圧倒的な数に物を言わせて、少数の富者を苦しめていた。

民主主義を標榜すれば、国民の自由を重んじなければならないし、国民が自由であれば全体としての物事の決定は難しくなる。一〇〇人が一〇〇人の主張と判断をすることになるからだ。物事が決まらないよりは決まったほうがよい——そこで便宜的に採用されたのが「多数決」だった。日本国憲法が前文でいみじくも言った「人類普遍の原理」のひとつだ。

多数決は物事の決定には非常に便利な方法であることは間違いない。一人がすべてを決める独裁や少数の人たちが決める寡頭政治などが、国民主体の政治体制からは程遠いとなると、多数決は代用方法として十分に役立つ方法である。

しかし、多数が常に正しいとは限らないし、アメリカで起きたように常に多数派がすべてを自分たちの思い通りに行えばまさに政治的暴力となる。したがって、多数決を実行する場合には、決して忘れてはならないことがあるのだ——多数の暴力は絶対に否定されなければならない——そのためには少数派の意見を十分すぎるほど聞いて取り入れることだ。

それにはどうするか。憲法制定時のアメリカの指導者たちは政党を作らないということで多数の暴力を回避しようとした。憲法が成立し新しい国家の運営が始まるとすぐに、その政党組織が出来てしまったのは皮肉だったが、政党はどうしても自分たちを正当化し、そして自分たちの仲間で議会内部の数を占めることに必死になる。現在、選挙のたびに、どこがいくつの議席数を獲得などと報道されているあれだ。この議席獲得合戦が選挙を面白くしていることは否めないが、これが多数＝善という錯覚を生み、議席の多い方が絶対的な力を持つという錯覚を持つことになる。

国民が実際には何を判断基準として投票しているかなどには全く関心を持たずに、ただ数が多ければ多いほどよい、という認識だけが横行してしまっている。多くの議席を取るためだけに政党が活動しているかのようにさえなってしまう。そんな状態をアメリカの憲法会議出席者たちは何とかして避けようとした。

彼らは最終的に政治家は自分が選ばれた選挙区の、言い方を変えれば自分を選んでくれた選挙民たちの利益を議会で最優先させるべきなのだという共通認識を持つことになった。地方の、あるいは地域の利益、狭い選挙区の利益なら選挙で選ばれた者は誰でも分かっているはずだ。とすれば、選ばれた代表者たちはこの利益をいかに誘導するかにだけ専心すればよい。他の選挙区や地域から同じようにその利益を優先しようとしている代表者たちとの間で、いかにすればより多くの選挙区や地域の利益を現実に叶えることができるかの取引をすればよい。

こうすればその時々の利害関係の組み合わせによって多数が構成されることになる。ある時に多数派を形成していた人たちが、次には少数派になることもある。逆もまた真だ。こうすることで恒久的な多数派は絶対に阻止できるし、多数の暴力も阻止できるとしたのだった（『ザ・フェデラリスト』第一〇篇論文）。

もちろん、憲法会議では少数派の存在を忘れてはならないと分かっていた。多数必ずしも善ならず、であるとしたら、自分たちと異なる意見をどこまで取り入れるかを問題にした。

一九世紀初めに北部出身の政治家が多数となっていた連邦議会の在り方に不満を表明したのが、副大統領も経験した上院議員ジョン・カルフーン（1782～1850）だが、彼などは「競合的多数」（concurrent majority）という制度を提唱した。これは全会一致の投票となるまで、投票の度に議論を重ね、多数派も少数派も互いに譲歩し合っていくべきだとしたのだ。こうすることで初めて本当の政治ができるのだと主張した。時間と手間がかかりすぎるという批判に対して、彼は民主主義とはどれだけ時間がかかってもよいはずなのだ――そうすることで初めて国民すべてが満足できる政治になるのだと反論さえしている(4)。

昨今の日本の国会では「数が多いのだから何をしてもよい」とばかりに、「会期中に決めるための」強行採決が目立つ。国民の七〇パーセント近くが反対を明らかにしていた集団的自衛権の拡大解釈をした防衛関連法の審議の際も、十分な審議をしない法案を含む一三もの法案を一括採択という暴挙があった。特定秘密保護法も、共謀罪法案、そして参議院の定数増加の法案も、働き方改革法案も、そしていわゆるカジノ法案も、十分な審議をせずに、しかも虚偽なデータまで援用して、会期を理由にしての強行採決だった。二〇一八年には総理大臣の裏取引さえ暗示する「モリ・カケ」問題の強引な握りつぶしも国民の大多数の思いを踏みにじった暴挙だった。国民の信託を受けた代議員の意見を聞くこともなく、また彼らの質問に真正面から真面目に答えることなく、すべて数を頼りに押し切った。これはまさに政治的暴挙であり、独裁国のみで見られる現象である。安倍首相の下で民主主義国日本はまさに滅びへの坂道を転げ落ちているのだ。

すべての自民党政治家・支持者に

このような多数の暴力が許されていてはならない。すべての自民党政治家たちにまず問いかけたいと思う。「あなたたちは今の自民党執行部が行っていること、そして行おうとしていること、しかもそれを『数』だけを頼りに行うことに、本当に心から賛同しているのか?」と。

自由を党名に掲げるのであるならば、党員たちが自由にものを考え、ものを言える状態がなければならないはずだ。いまの自由民主党にそんな雰囲気はあるのだろうか。政権入りをエサに、あるいは公認指定をエサに、あるいは従わなければ懲戒処分だという脅しを前面に出して党内統一を図ろうとする執行部を、党員たちは本当に認めているのだろうか?

党内民主主義などない、自由に意見も言えない、そんな政党が存在を認められていて、しかも政権まで維持している。民主主義の国の政治家として、皆さんは何も疑問を感じないのだろうか。私の考えでは、そんな人たちは少なくとも民主主義を標榜する国の政治家である資格はない。

かつて最も勢力の強かったころの共産党でさえ、異端者が出た。残念ながら党の党是でそうした異端者は放逐されたが、それでも議論をする余地はあった。

それなのに自由民主党という政党の党員たちが執行部批判さえしない、できないという状態で、何も言わないのは日本を破滅に追い落とす――もちろん、政権政党だから――ことになるはずだ。

元文部科学省事務次官だった前川喜平がその著書『面従背腹』(毎日新聞社、二〇一八年)で紹介しているが、平成二七年九月一五日に参議院の平和安全法制特別委員会の中央公聴会に参考人として招かれていた奥田愛基(当時、「SEALDs＝シールズという自衛隊法などの改変に反対していたグループ」の代表的存在)は、意見陳述の最後に公聴会に列席していた政治家たちに言った。

「どうか、政治家の先生たちも、個人でいてください。政治家である前に、派閥に属する前に、グループに属する前に、たった一人の「個」であってください……皆さんには一人ひとり考える力があります」。まだ若い大学生にこう言われてもなお、自分の頭で考えられないのが、申し訳ないが大多数の自民党政治家であり、その支持者だ。

自分の頭で考えられるのはただ政治家としての今の立場をどう守るか、政治家として出世するには何をするべきか、などなど、結局は自分の個人的な利益だけなのだ。日本の国の在り方や憲法とは何かなど、「面倒なことは」党に任せればよい、派閥の長に任せればよい。

それが自分の政治家としての生きる道。そんな「つまらない」人間が、いまのあなたたちなのだ。恥を知れ、と言いたい。

ケネディは我々は自分たちだけのことを考えていてはいけないと言った。子供の世代、孫の世代とずっと先の子孫たちに安全で満足のいく生活を保障しなければならない――そのためにいま我々は生きているのだと言った。我々はこのことを決して忘れてはならない。

議席数が多いから何をしてもよい――反対する国民など無視すればよい――数ですべてが決められるのだ、などという政治家たちは民主主義には不要だ。カルフーンは過激すぎたかもしれないが、それでも少数派を最後まで守らなければよい政治とは言えないという彼の信念は、彼から二〇〇年後の世界を生きる我々も絶対に忘れてはならないはずだ。ケネディが黒人たちの権利を守るために言ったことも思い出そうではないか。我々の良心に問いかければ、我々が持つ道徳心に問いかければ、少数派の権利も利益も尊重していかなければならないのだ。

「汝の隣人を愛せよ」はケネディ自身が難しいと認めていたイエスの教えだ。しかし、これは信仰の問題ではなく、宗派の違いを超えて、人間として生きる上での真理だろう。隣人がたとえ異端者であったとしても、また隣人とたとえ意見を異にすることがあったとしても、その隣人を人間として認め、尊敬すること――それは実に難しいことかもしれないが――こそが、よりよい社会の建設には必要なことであるはずだ。

この隣人を愛せる人が政治家になるべきであり、あるいは官僚として国家の仕事に就くべきなのである。数ゆえに少数のことなど知らない、自分の意見と異なる意見はみなクズだと考えているような人々に、この日本という大事な国家を委ねるわけにはいかないのだ。

日本国憲法の価値

最後に、憲法に関して、もうひとつ問題を指摘しておきたい。それは今の日本国憲法の存在意義についてだ。

日本国憲法はアメリカ占領軍が押し付けたものであって、日本人の真意から生まれたものではない、だから改正するしかないという意見がしばしば聞かれる。安倍晋三など若いころからこう主張していたという。[5] 敗戦国日本が仕方なく受け入れただけのことで、日本にふさわしい憲法に作り替えるべきだというのだ。

しかし、戦争直後東久邇宮稔彦王首相の辞任のあとを受けて一九四五年一〇月九日に総理大臣になった幣原喜重郎（1872～1951）が後年記録しているところによると、「決して誰からも強いられたんじゃない」[6] という。幣原が四六年一月にマッカーサーと会談し、この時に平和主義を唱え、戦争放棄と軍備全廃を伝えたということはよく知られている。しかし、その後、日本の憲法調査委員会の松本烝治（1877～1954）が提出したいわゆる松本案と松本試案がマッカーサーによって拒否されたために、幣原の意向を汲んだアメリカ側の試案を最終案として審議することになったのが日本国憲法誕生の経緯ではある。

この経緯を熟知していた幣原だからこそ、「決して誰からも強いられたんじゃない」との記述を残すことになった。この文章のなかで幣原が述べているのは、出先で玉音放送を聴いての帰り道、電車のなかで三〇代の男性が叫んでいたことばが紹介されている。

その男性は日本が敗戦を受け入れるほど追い詰められていたことなど知らなかったと言ったという。しかも、「なぜ戦争をしなければならなかったのか。おれは政府の発表したものを熱心に読んだが……ちっとも判らない……おれたちは知らん間に戦争に引き入れられて、知らん間に降参する。自分は目隠しをされて屠殺場に追込まれる牛のような目に逢わされたのである。怪しからんのはわれわれを騙し討ちにした当局の連中だ」と盛んに怒鳴っていたが、しまいにはおいおい泣き出したという。「車内の群集もこれに呼応して、そうだそうだといってワイワイ騒ぐ[7]」

この状況の中で、深く心を打たれたという幣原は、国民の憤慨を無理はないと感じたという。そして述懐する。「……われわれは……日本の国家を再興しなければならんが、それにつけてもわれわれの子孫をして、再びこのような、自らの意思でもない戦争の悲惨事を味わしめぬよう、政治の組立からあらためなければならない」と強く感じたのだという[8]。

そして、総理になった彼の頭に浮かんだのは、この電車の中の光景だったという。そして深く決心したのが、「……戦争を放棄し、軍備を全廃して、どこまでも民主主義に徹しなければならん[9]」ということだった。

幣原は彼が言う「不動の信念[10]」にたどり着いた出来事を語りながら、「……日本の生きる道は、軍備よりも何よりも、正義の本道を辿って、天下の公論に訴える、これ以外にはない」という結論を強調している。[11] この正義の本道こそが、憲法の前文の内容となったのだ。「日本国民は、恒久の平和を念願し、人間相互の関係を支配する崇高な理想を深く自覚するのであって、平和を愛する諸国民の構成と信義に信頼して、我らの安全と生存を保持しようと決意した」とする文章だ。

憲法制定の当事者が述懐するのであるから、アメリカから押し付けられた憲法という意見は完全に間違っていることは明らかだろう。幣原の考えが最終的に国会の審議を経て、そして国民の信託を得て、戦後今日までの月日を日本国憲法として我々の生活を守ってきたし、我々は曲がりなりにも平和な時を送ることができたのだ。我々は日本国憲法を考えるときにはこの幣原の「新しい日本」に対する強い思いをしっかりと胸に刻み直さなければならないのだ。

幣原が伝えようとしていたのは、戦争放棄も非武装も、あくまで彼の戦前への反省を源として彼が発信源だということだ。したがって、日本国憲法は決してアメリカから押し付けられたものではなく、当時の政治家を含む日本国民の創意であり、総意だったのだ。

日本国憲法はその平和重視の思想を含めて、日本国民が選択した日本の姿を指し示すものであり、「日本国民は、国家の名誉にかけて、この崇高な理想と目的を達成することを誓う」と前文を結んでいるのである。この憲法の精神は、前文で言う通り、まさに日本という国が世界にたった一つの国として存在する名誉であり、だからこそこの理想は達成できるように全力で努力していかなければならないのだ。

この目的と理想の達成は、戦後七五年で変わってしまった国際情勢のなかでは、達成どころか、維持することさえ困難だ、だから憲法の文言を変えて——つまり理想と目的は廃棄するなり、他のものに変えるなりしなければならない。現在の安倍首相だけでなく、戦後ずっと、こういう主張をする人たちがいた。しかし、ケネディのアメリカン大学の演説を思い出してほしい。ケネディは平和を達成困難とする考え方を「敗北主義」と呼んだではないか。そして、その敗北主義を超越して、核兵器廃絶を目指す「真の世界平和」を築く「不断の努力」をしていくことを訴えたではないか。

日本が理想とした国家の姿、そしてそれを世界の国々に伝えていこうとする姿を、できないことを宣言しただけ、とか無茶苦茶な考え方だと決めてしまうことこそ、ケネディが嫌った「敗北主義」なのである。理想は最後まで追い求めてこそ理想であって、追い求めていく努力は、その理想が崇高であればあるだけ、意味のある理想であればあるだけ、努力して必死に探求していかなければならないのだ。その努力と探求が人類が人類を守り、この地球を核兵器の脅威から解放することにつながるのだ。

この不可能かもしれないことに向けて「不断の努力」をするということは、オバマ大統領が広島で強調していたことでもある。途中で諦めて放棄してしまったら、もうそれきりだ。武装はしない、戦争はしないという日本が掲げた姿こそが、多くの国にとっても、世界中の人々にとってその理想なのである。だったら、堂々とこの道を進もうではないか、この道を世界の指導者に、世界の人々に執拗に説いていくことが、日本の使命であり、ある意味では間違った理想を掲げて戦火を拡大し、多くの国々と人々に多大の迷惑を与え、そして悲惨な形で原子爆弾の被害を受け、主要都市がことごとく爆撃された「無条件降伏」の敗戦によって、全く新しい国家として生まれ変わった日本の最大の使命＝ミッションであるべきなのである。

日本のミッション

世界の国々も国連も、大声で表明しないかもしれないが、このことを日本に期待しているのである。日本が公に、そして声を大にして、戦争は人の命を無駄に奪うだけの、そして歴史を文化を破壊し、人々の生活から希望を奪うだけの非人間的な行為なのだと訴え、世界の先頭に立って、ケネディが言った「真の平和」の実現のために日々の活動を行わなければならないのだ。

ケネディ大統領はアメリカが先頭に立って平和を追求するのだとアメリカン大学で宣言した。そのための試金石としてソ連との核実験禁止に向けての話し合いを始めたことを語った。だが、そのアメリカは五〇年代に盛んに大気中での核実験を行い、世界中に放射能をまき散らした。そして、世界最大を競い合う数の核弾頭を保有している。戦後の歴史の中で、その核兵器の持つ力を背景として、世界平和を語ってきた。そんなアメリカが真の平和に向けて先頭を走る資格はない。

憲法で非武装と戦争放棄を謳い上げた「平和国家」である日本だけが、核兵器の廃絶を訴え、戦争の虚しさ、無意味さを世界に向けて訴えていく資格を持つのだ。オバマが広島でいみじくも指摘したように、武器を持ってしまったために人間は戦わなければならなかったということをしっかりと受け止めることができる国は、日本以外にない。

このことを我々はしっかりと胸に刻んでおくべきだし、日本を率いる政治家や外交官や官僚たちは、卑屈になることなく、堂々と日本の理想を世界に示すべきなのだ。

そう思うとき、二〇一七年三月に国連が開いた「核兵器を法的に禁止する条約」に向けての準備会議に日本が不参加を表明したことが世界に与えた衝撃の大きさが分かるだろう。一一五カ国が参加して、国連としての世界平和への熱い思いを表明しようとする会議に、安倍政権は不参加を決めたのだ。世界中がただ単なる唯一の被爆国としての日本に期待していただけでなく、非武装と戦争放棄を掲げる世界で最も平和を愛するはずの日本だからこそ参加を期待し、会議での積極的な活動を期待していたはずなのに――。

日本はアメリカの核によって守られている――だから、アメリカが反対する会議には参加できないというのが安倍首相の説明だったし、今でもまだそう説明している。核保有国と非核保有国の利害関係が異なるために、まず日本は両者の間に立って両者の理解を深める行動をとらなければならない、というのが安倍政権の一貫した態度だ。

しかし、核保有国の思惑など考える必要などない。問題は将来の世界が安全かどうかであり、その安全が核のない状態で初めて手に入れられるのだとしたら、当然選択するべき道はひとつしかないはずである。再軍備はしない、戦争もしないと宣言した日本が、憲法の前文で述べたように、「……恒久の平和を念願し、人間相互の関係を支配する崇高な理想を自覚」して、「……国際社会において、名誉ある地位を占めたい」と願うのであるならば、この準備会議で積極的な活動をするしかなかったはずである。

そんな重要な会議を無視して、アメリカの顔色しか見ようとしない日本は、果たして「国際社会において、名誉ある地位」を得られるものだろうか。誰が見ても、日本は真剣に憲法を守って生きていこうとしていないと判断されることになるだろうし、この先、日本の信頼はほとんど地に落ちた——日本が平和をどう語ろうが、世界中が心の底でせせら笑うような立場に自ら落ちてしまったのだ。

この準備会議の結果として生まれた「核兵器禁止条約」は二〇一七年七月九日に、国連で一二九カ国の賛成（反対一、棄権一）を得た。この投票にさえ日本は参加しなかった。つまりは、日本は核兵器を今後どうするのか、という話題さえ避けたのだ。安倍首相がその後、国際会議でいくら日本の立場を説明しようが、核廃絶に向けての努力をすると言ったところで、世界の誰もが信じることはない状態に自ら落ち込んでしまったのだ。

この条約を成立させたい思いもあって、国連は条約の中に「……核兵器使用の被害者（ヒバクシャ）と核実験の被害者の受け入れがたい苦しみと被害に留意する」という文言まで付け加えていたのだ。広島・長崎の被爆者たちの強い訴えを世界の国々がきちんと聞き入れてくれていたのだ。それなのに……。

執拗かもしれないが、日本の進むべき道は憲法を守り、唯一本当に理想を語れる国として核廃絶に向けての活動をしていくことでしかない。その意味では、東日本大震災でいやというほど経験してしまった原子力発電所も閉鎖の方向ですぐに動き出さなければならないはずなのだ。原子力によって安い電気が供給できる、という嘘はもう通じないことは多くの国民が共有していることなのだから。

本当の心の叫び

ケネディはアメリカン大学で新しく平和を探求するには、国民は意識を変えなければならないと言った。我々もその意味で自分たちの「本当の心の叫び」を自らの心に問かけようではないか。

国民の七〇パーセントを超える人々が各種の世論調査で反対を表明し、あれだけ大勢の人々が国会前で反対の声を上げていた防衛法および関連法を強行採決によって採決してしまったのが安倍政権だ。それによって「集団的自衛権」というある意味では都合のよいことば、またある意味では非常に危険なことばを多用して、日本が海外の紛争に直接武力介入できる道を強引にこじ開けてしまった。この強行採決はこの改変が憲法に合致しているのかどうかの重要な審議を国会でさせないためのようにさえ見える暴挙だった。

明らかに憲法に違反する改変だ。海外に出兵できるとすれば、当然、それに必要な武力を持たなければならない――そして海外派兵によって手薄になる国内防衛のための武力も必要になる。憲法の下で、必要最小限の防衛能力として黙認されてきた自衛隊が今後大きくその存在意義を変える可能性が大きいのだ。だから憲法九条の一部改変というのが、当然のように次にくる安倍政権の目的なのだろうが、先にも言ったように、彼らが目ざす改変は、憲法本体に大きな矛盾を抱えることになる無謀な、そして憲法が果たすべき役割を考えると全く意味のない改変になるのだ。まさに愚の骨頂だ。

「自衛隊違憲論」があるから、というのが安倍政権の、そして今の自民党の態度である。たしかに、一九五〇年代、そして六〇年代初めには大半の野党が自衛隊違憲を繰り返し主張していたかもしれない。しかし、いま果たして国民のどれほどが、自衛隊違憲を主張しているのだろうか。現政権はこれを明確な数字で示したことはない。単純に感覚・感情論でこう言っているにすぎない。かつて自衛隊を違憲としていた急先鋒の共産党でさえ、いまは黙認の態度を維持している。国家が国家ゆえに保持する自衛権に見合うだけの武装は憲法論議の対象としないというのが、国民の大多数の考えだろう。災害時に救助活動をする自衛隊に感謝する国民は多くても、要らないという国民は極少数だろう。

自衛隊を憲法で認める存在にするというのは、必然的に現行憲法の重要な精神を踏みにじることになるのだ。

かつて池田勇人首相がケネディと会談したとき、ケネディは「日本のアジアにおける影響力、太平洋における影響力、そして我が国への友情」[12]と日本を評価した。彼が日本について直接言及したことはほとんどないので、この会談時の演説が貴重な資料となるのだが、ケネディは日本が憲法のもとで一級の民主主義国として再建し、経済を復興することを強く望んでいた。廃墟から政治的に、そして経済的に立ち直り発展する日本の姿が、他のアジアの国々、そして南太平洋の島々(当時は国連の要請によりアメリカの信託統治地となっていた)に「正しい見本」となり、無言の影響力を与えることを期待していたのはたしかだ。

日本の再武装は朝鮮半島に、そして中国大陸に、さらに東南アジアに余計な緊張感を引き起こすことになるという理由で、アメリカは日本の非武装を歓迎していたのだ。その後の歴史の変化で「この歓迎」は影を潜めたかもしれないが、それでも我々日本国民は、先の戦争を知っている世代、知らない世代を超えて、日本がその理由はどうであれ、近隣諸国に不必要な被害をもたらしたことは忘れてはならないだろうし、彼らが今でも日本を心の底で恐れているという事実も忘れてはならないのだ。当然のように戦前を意識する世代はもういなくなるかもしれない。しかし、わずか一〇〇年に満たない前に日本が何をしたかを、そしてその結果、近隣諸国がどれほどの迷惑を受けたのかは、人間である限り想像できるはずである。ケネディが語ったように、人間として自分の心に向き合い、そして同じ人間として他人の思いを受け止めさえすれば、日本が何をすべきか、何をしてはいけないのかはおのずと明らかであるはずだ。

戦後七五年経ったいまでは、もう戦後は終わったという考え方もあるかもしれない。しかし、歴史は途切れることなく永遠に続いているのだ。戦争を知らない世代にとっては、あたかも戦争責任を問かけられるようなことは嫌かもしれない。しかし、だからと言って、「うるさい、過去のことだ」ですませてしまってよい事柄ではない。過去を忘れたら、来た道を忘れたら、人間はまたその同じ来た道を歩まないともかぎらないからである。親が歩んできた道、祖父母が歩んできた道、そしてさらにその前の先祖が歩んできた道が、いま我々が歩んでいる道につながっているのだ。だから、謙虚になるべきところは謙虚にならなくてはならない。

幣原喜重郎をはじめとして、このことを分かっていた人たちが非武装を決意し、戦争は二度としないことを決意した。自分たちが歩んだ間違った道が、自分の子供たちが歩む道になって欲しくなかったから。

ケネディが言ったことと同じだ。我々もいま我々が歩んでいる平坦な道を、あえて険しい山道にする必要はない。子供や子孫たちのためにこそ、いまの道を我々に歩ませてくれた人たちの思いを守っていかなければならないのだ。

沖縄だって本土だ――沖縄の人たちとひとつに

もう一点。一九六三年六月一一日のケネディの演説を思い出してほしい。あの演説のなかで、彼は南部の黒人差別に見て見ぬふりをする白人たちに、間違っていることは間違っていると考え、発言し、行動する勇気を持つよう訴えた。一人ひとりがそうして意識を変えれば、アメリカ国内から人種差別はなくなるのだ、と。

我々はいま、日本の国内で大きな差別はないと感じている。ときに性差別があり、ＬＧＢＴなどに対する差別が問題になったりすることはあっても、あまり真剣に考えていないだろう。差別される側の人々の苦しみを本当に分かろうとしないのは、ケネディが指摘した白人たちと同じ状態にあるわけだ。

ここでは我々は沖縄について自分に問いかけなければならないと思う。沖縄について語る時、我々はマスメディアも含めて「本土と沖縄」という言い方をする。これは我々（本土に住む人間）が沖縄を無意識に差別していることの証ではないだろうか。本土は「（１）本国（２）仏教でいう「浄土」（３）属国または属島などに対して主な国土」の意味を持つと広辞苑にある（一部省略）。つまり、本土と沖縄という考え方は沖縄は本土ではないということになる。右の（１）で捉えれば「本国」とは別の存在、つまり「外国」となるし、（３）で捉えれば沖縄はまさに「属島」であって、日本に従属するべき島となる。（２）で捉えるとすれば、宗教上の土地であるからその存在自体が「実存」ではないということだ。
これは明確に、「沖縄以外の本土」に住む人々が、沖縄およびそこに住む人々に対してかなり強烈な「差別意識」を持っていることの現れである。沖縄は日本ではないと言っているようなものだからである。

沖縄はたしかに不幸な歴史があった。終戦とともにアメリカ(軍)に占領され、アメリカの支配下となり、日本との間にはパスポートとビザが必要になるという非日本の扱いをうけていた。一九五八年、まだ占領下にあった沖縄の首里高校の硬式野球部が甲子園に初めて出場して初戦で敗退したときに、記念にと甲子園の土を持ち帰った。しかし、沖縄で検疫の問題が発生し、やむなく没収ということになった悲劇は、沖縄が実質、外国だったことを表している。

しかし、一九七二年五月一五日、時のニクソン大統領は沖縄の日本返還を決めた。そして、日本の県のひとつとして日本に戻って来た時、当時のメディアは「本土復帰」と報じていたはずである。本土復帰は外国の支配下にあった沖縄が本土に帰ってきたことを意味しているはずだ。つまり、本土復帰である以上、沖縄も「本土」のはずなのだ。

ところが、なぜか、その後ずっと沖縄は本土と別の扱いをされることになった。戦後、たしかに本土ではない時期があったけれど、でも本土に戻った以上、沖縄は「日本国の土地」であり、北海道、本州、四国、九州と全く変わらないはずだ。

沖縄の人々にとって、この「本土人」と自らを認識している一般の日本人の心の在り方は、おそらく相当に屈辱的なはずだ。ケネディが呼びかけた意識改革は、今の我々にも当てはまる呼びかけなのだ。自分たちが全く意識しないうちに、沖縄を差別しているということを、我々は強く認識し、この差別意識を心から追い出し、沖縄および沖縄の人々を同じ本土人として受け入れなければならない。

差別意識があるためか、「本土人」である我々は沖縄の人々の置かれている立場やそこから生じる苦難や苦労を慮ることがない。沖縄の人々の苦しみや助けを求める声などは、すべて「他人事」なのだ。ちょうどアメリカの白人たちが、黒人の問題はあいつらの問題と言って、問題があるのは明白なのに、無関心を装っていたのと同じ状態が今の日本で展開しているのだ。それは当然、沖縄の基地問題に直結する。

日米相互安全保障条約の下で日本にある米軍基地の内の七五パーセントが沖縄にあるのだ。四万人ほどの米軍関係者の六〇パーセントが沖縄にいるし、沖縄県内にある五三の市町村のうち二五の市町村に基地がある。沖縄全島の面積のおよそ一割が米軍に占められ、沖縄本島だけだとその面積のなんと二〇パーセントが基地なのである。それこそ本土には全米軍基地のわずか四分の一だけしかいないことになる。

このアンバランスな、一方的なかたちで沖縄に存在する米軍基地が様々な問題を引き起こしている。米軍兵士による犯罪そして米軍機やヘリコプターの墜落事故や騒音被害などだ。

本土にいる日本国民は同じ日本国民がこれほどまでに米軍が「占拠」する状況を知らない。また分かろうとはしない。所詮、「自分とは関係ないことだから」。

だから、たとえ日米地位協定があるのに、沖縄が「本土復帰」以前と変わらない屈辱的生活を強いられていたとしても、あまり関心を持つことがないのだ。

普天間基地の問題も、返還の約束があるなら……だけで済ませてしまう。返還する代わりに辺野古に新しい基地を作れと要求されたこともあまり気にしない。辺野古基地反対を沖縄の人々がなぜ騒ぐのかは理解さえしようとしない。

最後はアメリカ軍が日本を守ってくれているのだから、それでいいではないか、とさえ考えているのが多くの「本土人」だ。「本土」の人間が沖縄に無関心すぎると言い続けていたのが翁長雄志前沖縄知事だった。その「本土」の人たちが、沖縄に関心を持ってくれれば、状況は全く違うものになるはずだ、と彼は期待をし続けたのだ。沖縄県民が一つになるという意味での「オール沖縄」を選挙の標語としたが、本心は「オール日本」だったはずだ。沖縄の問題を今日まで解決からほど遠いものにしてしまったのは、「本土」人の責任なのだ。

米軍基地——必要なのか?

日本はたしかにアメリカ軍によって戦争に負けた。形式的には「連合軍」(どさくさ交じりに連合軍入りしたソ連は排除されたが）に降伏したことになっている。日本では「進駐軍」とされているが、日本はアメリカによって軍事占領されることになった。それでも「本土」は連合軍司令部の監視下で自治権が許されており、それによって新生日本に向けて動くことができたが、沖縄は地上戦を戦っただけに完全な占領下に置かれた。アメリカの統治下に置かれたのだ。先に触れたパスポート・ビザが必要な場所になってしまった。

沖縄戦では二〇万人の日本人が死んだと言われるが、その内の九万四千人は一般島人だった。実に当時の沖縄の総人口の四分の一が戦死したことになる。「本土」空爆のために、究極的には「本土上陸」のためにアメリカにとっては絶対に必要な、多少の犠牲を払っても確保しなければならなかったのが沖縄だった。ここに大規模な軍事基地はどうしても必要だったし、そのためにも手放せない島だった。

朝鮮戦争に際して極東に確固たる軍事基地が必要だったアメリカは沖縄の基地を充実させるとともに、このときまでにアメリカの占領支配を離れ、再び独立国として新憲法の下で歩き出していた日本（本土）に維持していた基地も確保することを必要とした。日米安全保障条約を半ば力づくで成立させたのだ。いわゆる日米安保は決して日本のためではなかった。日本の利益をめざしたものではなかった。単に、アメリカが対アジア戦略を完成させるためのものだった。ソ連、北朝鮮、中国（当時は中共と呼ばれていた）を監視し、彼らの動きを抑制するため、そして「いざ鎌倉」のときには最前線基地となるのに必要だったのが日本に設置した基地だった。

あえて非常に嫌な言い方をすれば、再出発する日本から出て行かなければならないアメリカ軍を日本国内に留めておくための条約が安保条約だった。それによって、日本(本土)はまだ占領下に置かれていた沖縄と同じになった——いつでも利用できる場所の確保だった。

その後、日本側からの執拗な要望によって、一九六〇年にこの条約は改定されて、「日米相互安全保障条約」が結ばれた。これによって日本は改めてアメリカ軍に必要な基地を提供すること、この基地が第三国から攻撃された場合には日本も防衛に当たること、アメリカは日本を守る義務を有することが確認されたのだ。

また、日本では自衛の在り方をめぐる議論が盛んになり、政府は非核三原則などを打ち出し、一応、アメリカ軍が日本に持ち込む武器、また日本の港に寄港する船舶が積載する武器に制限をつけさせることになった——検閲に関する取り決めはないので、日本側の一方的な宣言でしかないが。

そして、一九七二年、沖縄が返還されるに際して、この三原則が適用されるとの説明が日本政府によってなされたのだが、沖縄に核兵器があることは誰も特に問題視しようとしない真実だろう。

いずれにしろ、先に指摘したように、日米相互安全保障条約によって存在し続けることになったアメリカの軍事基地だが、存在理由は当初と全く変わっていない。日本の防衛よりはあくまでもアメリカの戦略的理由からなのだ。米中国交回復が成り、冷戦が終結してソ連が解体し、そして米朝の会話の扉さえ開かれた今日もなお、アジアの安全を維持するという名目で日本に基地があるのだ。しかも、一九七〇年代後半からは、この基地の費用を日本政府が負担するという理不尽がまかり通っているのだ。

沖縄の普天間基地が宜野湾市にとって非常に危険な存在だと言われているが、東京にも横田基地があり、少し離れるかもしれないが厚木基地がある。東京湾の入口には横須賀海軍基地がある。普天間ほどではないかもしれないが、東京が基地を利用する航空機などからの脅威から自由であるわけではない。

日本を守る――沖縄を犠牲に？

沖縄の肩代わりをするという地域は「本土」にあるはずはない。とすると、沖縄の基地問題は永遠に解決不能ということになる。アメリカの言いなりに、嘉手納以外のところに基地を用意しろ、と言われれば、平こらして「辺野古」を用意するという例から見ても、極端な話、アメリカの都合で沖縄にさらに多くの基地が建設されることにならないとも限らないのだ。いや、辺野古の美しい自然環境を他国の軍事基地のために破壊する、そしておそらくはその後もその周辺を破壊し続けることが「日本人」として許せるのだろうか。そのような負担をもう沖縄だけにかけさせて、平然としていてはいけないのだ。

今こそ、同じ日本人、ひとつの「本土人」として、我々は沖縄の問題は我々一人一人の問題なのだと自覚しなければならない。ケネディが黒人差別問題に無関心を装う白人たちに対して、自分が黒人の立場に置かれたことを想像しろと言ったことを思い出してほしい。我々はいまこそ、どこの県に住んでいようと、どこの都市に暮していようと、沖縄の人々の不安と苦悩を自分のこととして、自分の胸に手を当てて、じっくりと考える必要があるのだ。そして、沖縄の問題が「本土」の問題、日本全土の問題となって初めて、問題解決への道が見えてくるはずである。

同時に、我々は沖縄の基地問題は、基地があるからこそ生じる問題なのだという原点に立ち返って考えてみる必要もある。日米安保条約があるから日本はアメリカに基地を提供する義務を負う。だとしたら、この条約がなければ基地を提供する必要はなくなるわけだ。安保条約はどちらか一方の廃棄通告で一年以内に無効になる。それでも日本の防衛のためには条約は必要だというのであるならば、条約から「基地提供」の条項を撤廃すればよい。どちらも新しい国防を考える必要があるかもしれない。だが、国防とは何も軍事力だけによるものではないことを改めて確認しようではないか。

日本国憲法が世界に誇る名誉ある憲法だと再確認すれば、軍隊を持たず、国際紛争解決の手段としての戦争を放棄しても、日本の安全を守ることが可能なはずなのだ。

日本が理想とする世界平和の在り方を世界に向けて堂々と説明していくことが、その一つの方法だろう。また、戦うことの虚しさを説き続けることで日本の存在意義を世界に十分に知らしめることも可能だろう。核兵器の恐ろしさを実体験した唯一の国として核兵器廃絶への動きの先頭に立つことによって、世界が日本を無視できない、日本を守っていかなければならないと思わせることも可能だろう。結局は巧みな外交によって、日本に襲い掛かるかもしれない危険を避けることはできるはずなのだ。

これが現行憲法を持った日本が、本来、世界に対して取るべき態度だったはずなのだ。日米安保条約の存在によって、いつの間にかアメリカとの同盟関係のみ重視し、その挙句、アメリカの属国のようなかたちでしか国際社会に存在できない日本になってしまった。アメリカの言いなりの国にどんな存在価値があるというのだろうか。そんな日本を守らなければと思ってくれる国などあるだろうか。

数年前、尖閣列島をめぐる問題がかなり大きくなり、この島々が他国の攻撃を受けた時にはアメリカが助けに来てくれるだろうか、などという議論がマスコミでも大きくとりあげられたことがあった。オバマ大統領もケネディ駐日米大使もアメリカは尖閣列島も防衛義務の範囲だと言明したが、明確に「守る」とは言い切らなかった。アメリカべったりを決め込んだ日本国民でも、アメリカが本当に信頼できるのか、日米安保での日本防衛の義務はどの程度アメリカが理解しているのかを不安がっているのだ。

日米関係が今のようなかたちで本当によいのか。集団的自衛権という得体の知れない制約のなかで、遠い国の紛争にアメリカ軍とともに出かけていく必要があるのか、今こそ、ケネディが言ったように、これまでの先入観、潜入意識、前知識などにとらわれることなく、しっかりと自分の眼と心とで現状を理解し、将来の日本の進むべき道をしっかりと見つめ直さなければならないはずなのだ。

そうでなければ、この先、日本は世界に存在する意義さえない、その意味では世界からつまはじきにされかねない最低の国に成り下がってしまうだろう。

＊　＊　＊

分断という点から見直すと、沖縄をめぐる現状はまさに「本土」と「沖縄」は分断状態にある。国会では多数党と少数党の間に大きな溝があり、意思の疎通もない。もっとも需要な法案審議さえできないほどの深い溝がある。

この溝を埋め、分断をなくす努力をするべき安倍政権は、逆に溝を深くし、幅を広くし、そして分断を恒久化しようとさえしているようだ。しかも、自分の側にいない者たちは完全に無視し、一切の聞く耳を持たないようでさえある。知事選挙で沖縄県民がその意思を明確にしているのに、辺野古の米軍基地建設を続行するという。選挙結果を真摯に受け止めようとさえしない。まさに、安倍自身が嫌っているかのように見せている北朝鮮や中国の強権主義国家と同じ状態が今の日本だ。

その意味でも、日本は世界から相手にされない国になってしまう。国としての信念もなく、ただアメリカの、それも史上最低の大統領とさえ認められているトランプのアメリカに諂うばかりの日本が世界で孤立するのは、そう遠くないだろう。

繰り返すが、いまこそ、日本が日本である存在意義を取り戻さなければならないのだ。世界でただひとつの「平和憲法」に、自信を持ち、これの価値を信頼し、そしてその意義を世界に強く発信するときが、まさに今なのである。手遅れにならないうちに——。

●参考資料

就任演説（一九六一年一月二〇日）

今日我々は政党の勝利ではなく、自由の祭典を祝っているのであります。その祭典はひとつの始まりと同時にひとつの終わりを象徴しているのであり、変化と同時に改革を意味しているのであります。いま私は国民諸君と全能の神の前で、我々の祖先たちがおよそ一七五年前に定めたのと同じ厳粛な誓いのことばを述べたところです。

世界はいままったく異なりました。なぜなら人間はその無常の手の中にあらゆる形の貧困と、あらゆる形の人間生活を絶滅できる力を持つに至ったからであります。しかし、我々の祖先たちがそのために戦ったのと同じ革命的信念は、いままだこの地球上で問題になっているのであります。それは人間の諸権利は国家の寛容から生じるのではなく、神の御手から生じるのだという信念なのであります。

我々は今日自分たちがあの人類最初の革命の継承者であることを決して忘れてはならないのです。この時、この場所から、我々に友好な国にも、また敵対する国にも同じように伝えようではありませんか――松明は新しい世代のアメリカ国民に手渡されたことを。しかも、その新しい世代の国民は今世紀に生まれ、戦争によって鍛えられ、厳しく辛い平和によって育まれ、自分たちの古い遺産を誇りに思い、そしてこの国がこれまで常に深く関わってきた、またいまも国内だけでなく世界中で深く関わっている様々な人間の権利が、たとえゆっくりとではあったとしても、崩壊していくのを目撃したり、容認したりすることを、決して潔しとしないのであります。

我々に好意を持っていようが、悪意を持っていようが、すべての国に知らしめようではありませんか――我々は自由の存続と成功を確保するためであるなら、いかなる代価をも支払い、いかなる重荷をも背負い、いかなる困難をも迎え入れ、いかなる友人をも支援し、いかなる敵にも立ち向かっていくのだということを。

以上のことを我々は誓うものである。そしてさらに多くのことを。

我々が文化的また精神的な起源を共有する古くからの同盟国に対して、我々は忠実な友人としての忠誠を誓うものであります。固く結束していれば、多くの協同事業において出来ないことはほとんどないのです。しかし、分裂していれば、出来ることはほとんどなくなるのです。なぜなら、バラバラな状態では、強力な挑戦に対してあえて立ち向かっていこうとはしないものだからなのです。

我々が自由陣営の仲間として歓迎する新しい国々に対して、次のことを誓うものであります。ひとつの型の植民地支配がもっと冷酷な専制政治に取って代わられることがないようにすると。我々はこれらの国々が我々の考え方を支持することを必ずしも期待するものではありません。しかし、彼らが自分たち自身の自由を力強く支えていくことを見たいと願っているのであります。また、過去において愚かにもトラの背中に乗ることで権力を求めた者たちが、結局はトラに食べられてしまったことを心に留めておいてくれることを願っているのです。

地球の半分に存在する貧しい小屋や村々に住み、集団的な悲惨さの鎖を断ち切ろうと戦っている人たちに対して、我々は、どれだけ時間がかかろうとも、彼らが自立するのを助けるためにあらゆる努力を惜しまないことを約束するのであります。それは共産主義者がそうしているかもしれないからではなく、我々が彼らの票を求めるからでもなく、単にそれが正しいことだからなのです。もし自由社会が貧しい多くの人々を助けることが出来なければ、裕福な少数の人々を救うこともできないのです。

我々の国境の南にある兄弟共和国に対して、我々は特別な約束をします。それは我々のよいことばをよい行いに変えることであり、そして進歩のための新しい同盟によって、自由な人々や自由な政府が貧困の鎖を払いのけるのを助けることであります。しかし、希望あふれる平和的な革命が敵意を持つ諸勢力の餌食になるようなことがあってはならないのです。したがって、すべての近隣諸国に知らしめようではありませんか――我々は彼らと共に南北アメリカ圏内のいかなる場所における侵略にも、またいかなる破壊行為に対しても立ち向かっていくつもりであることを。そして同時に他のすべての国に知らしめようではありませんか――南北アメリカ圏内では自分自身が自分の家の主人であり続けるつもりであるということを。

主権国家の世界会議であり、戦争の道具が平和の道具をはるかに追い越してしまった時代における我々の最後の希望である国際連合に対して、我々は支持の約束を新たにするものであります。国連が単なる中傷合戦の場になることを防ぎ、新興国と弱小国を守る国連の盾を強化し、そしてその命令の行き渡る地域を広げるためになのです。

最後に、自ら我々に敵対するものになろうとする国々に対しては、我々は約束ではなく要望を提示するのであります。科学によって解き放たれた暗黒の破壊力が、計画的であろうが、あるいは偶発的であろうが、自滅行為によって全人類を飲み込んでしまう前に、両陣営共に平和の探求を新たに始めようではありませんか。

我々は弱みを見せて彼らをその気にさせて攻撃してくるように仕向けようというのではありません。なぜなら、我々の武器が疑う余地もないほど十分であるときのみ、我々はその武器が使われることがないことを疑う余地もないほど確信できるからであります。

しかし、二つの大きく、そして強力な国家陣営は、現在それぞれの側が進んでいる道に安心することができないでいるのです――どちらの側も近代兵器の費用によって過度の負担を背負い、どちらの側も恐怖の原子力が次第に拡大していくことを当然のように危惧し、しかもなおどちらの側も人類の最終戦争の手を押しとどめているあの恐怖の均衡を変えようと懸命に突き進んでいるからなのです。

したがって、両陣営とも新しく始めようではありませんか。両陣営とも教養をもち礼儀正しくあることとは決して弱さの印ではないことを心に留め、そして誠実でありさえすれば、それは常に必ず相手に通じるものであるということを心に留めようではありませんか。恐怖心から交渉するようなことはしないようにしようではありませんか。しかし、交渉することを恐れないようにしようではありませんか。

両陣営共に我々を分裂させている問題に力を注ぐ代わりに、何であれ我々を結びつける問題を探求していこうではありませんか。

両陣営共に武器の査察と規制のために初めて、まじめで詳細にわたる提案を作り出そうではありませんか。そして、他国を破壊する絶対的な力をすべての国々による絶対的な管理の下に置こうではありませんか。

両陣営共に科学の恐怖ではなく、科学のすばらしさを引き出すための努力をしようではありませんか。共に天体を探索し、砂漠を征服し、病気を根絶し、深海を開発し、そして芸術と通商とを奨励し合おうではありませんか。

両陣営共に力を合わせて地球上のすみずみまで、あのイザヤのことばを行き渡らせようではありませんか――「くびきの紐を解き……虐げられたものたちを放ち去らせよ」(イザヤ書五八章六節)。

そして両陣営が協力することで築いた最前線が疑念のジャングルを押し返すならば、両陣営共に手を携えて新しい努力を始めていこうではありませんか。それは新しい力の均衡に向けての努力ではなく、法が支配する新しい世界に向けての努力なのであります。強者が公正で、弱者が安全で、平和が維持される、そういう世界に向けての努力なのです。

これらすべては最初の一〇〇日間で成し遂げられるものではありません。最初の千日でも成し遂げられるものではありません。この政権の任期中でも、あるいはこの地球上に我々が生きている間でさえも成し遂げられるものではないでしょう。しかし、それでも始めようではありませんか。

わが同胞の市民諸君、これから我々が進もうとする道が最終的に成功に続くのか、失敗に続くのかの鍵は、私の手の中ではなく、諸君の手の中にあるのです。この国が建国されて以来、各世代のアメリカ国民は国家に対する忠誠心を証明するために召集されてきました。この軍務に付けとの召集に応じた若いアメリカ国民の墓標は地球を取り巻いているのであります。

いま、トランペットはまた再び我々に呼びかけているのです。しかし、それは武器を取れという呼びかけではありません――武器が必要とされていることは確かなのだけれど。またそれは戦えという呼びかけでもありません――いま我々が戦っていることは事実なのだけれど。それは、来る年も来る年も「望みを抱いて喜び、艱難に耐える」（ローマ人への手紙一二章一二節）長い夜明けの戦いの重荷を背負えという呼びかけなのであります。その戦いは専制政治、貧困、病気、そして戦争そのものという人類共通の敵に対する戦いなのであります。

これらの敵に対して、全人類により実り多き生活を保証するために、南北も東西もひとつになった、地球規模の壮大な同盟を作りあげていこうではありませんか。この歴史的な努力に参加してみませんか？

世界の長い歴史の中で、その最大の危機の時に自由を守る役割を与えられた世代は多くありません。私はこの責任から尻込みすることなどしません。むしろ、その責任を歓迎するものであります。この地位と責務とを他の国民や他の世代の人たちに譲り渡すような人は我々の中にただ一人としているはずはないと信じています。我々がこの努力に向ける活力と、信念と献身とがわが国と国に奉仕するすべての人々を照らし出すことでしょう。そしてこの炎から生じる明かりが本当に世界を照らすことでしょう。

それゆえに、わが同胞であるアメリカ国民諸君。国が諸君のために何ができるかを問い給うな。諸君が国のために何ができるかを問い給え。

わが友である世界の市民諸君。アメリカが諸君のために何をしてくれるかではなく、我々が共に人類の自由のために何ができるかを問い給え。

最後に、アメリカ国民であろうと、世界の市民であろうと、我々がいま諸君に求めたのと同じ高い水準の活力と犠牲とをここで我々に求め給え。善意ある友好な思いを我々の唯一の確かな報償とし、歴史を我々の行為の最後の審判者として、我々が愛する国土を導いて前進していこうではありませんか。神のお恵みと神の助けを求めると同時に、神の仕事はこの地球上では本当は我々自身の仕事なのだということをしっかりと認識しておかなければならないのであります。

アメリカン大学演説（一九六三年六月一〇日）

ジョン・フレッチャー・ハースト牧師によって設立され、一九一四年の開学時にはウッドロー・ウィルソン大統領が来学されたこのメソジスト教会が支援するアメリカン大学の祝典に参加できることは大いなる名誉であります。まだ若い、そして大いに発展している大学ですが、すでにハースト牧師の歴史を形作り、公共政策を実施する都市の中で歴史と現実の出来事を学ぶという彼の希望は十分に達成されてきました。皮膚の色や信仰などに関係なく、学びたい者たちのために門戸を開いているこの高等教育機関を支えてきたことで、この地域と国全体のメソジスト教徒たちは国からの感謝に値しています。それゆえに、私は今日卒業していく皆さんを祝福したいと思います。

ウッドロー・ウィルソンはまだ教授だったときにこう言いました。大学から送り出されるすべての人は自分の国の人間であるだけなく、自分の生きている時代の人間にならなければならない、と。この高等教育機関を卒業していくという名誉を受ける人は、男女を問わず、その生活において、そしてそれぞれが持つ才能によって、公共奉仕と公共支援のために大いに活躍し続けてくれるものと信じています。「この地上で大学ほど美しいものはない」。イギリスの大学を賛美する中でジョン・メイスフィールドは言いました。彼の言葉は今日でも同じように当てはまります。彼はとんがり屋根や高い塔、キャンパス内の木々やツタの絡まった建物を意味したのではありません。彼がこう言ったのは、大学が「無知を憎む人々が知ることに努め、真理を知っている人々が他の人々の目を開かせようと努力する場所」だからでした。

それゆえ、私はいまこの時とこの場所を、時に無知がはびこり、人々がその真実をほとんど知ろうとさえしない話題、しかし実際には地球上でもっとも重要な話題について論じるために、選びました。それは世界平和です。

このことばで私はどのような平和を意味しているのでしょうか。どのような平和を求めるのでしょうか。アメリカの戦争をする武器によって世界に押し付ける「パックス・アメリカーナ」ではありません。奴隷の墓場や安全という平和ではありません。私は本当の平和について話をするのです。それは地上の生活を生きがいのあるものにする平和、人と国が成長し、希望を持ち、子孫のためにより良い生活を築くことができる平和、単に米国人のための平和ではなく、全人類のための平和、単に我々の時代だけの平和でなく、永遠の平和なのです。

私が平和について話をするのは、いま戦争の新しい様相が現れているからです。大規模で相互に攻撃できない核兵力を維持し、そしてこの兵力に訴えることなしに譲歩することを拒む時代には、全面戦争は考えられません。たったひとつの核弾頭が第二次世界大戦で連合国側のすべての空軍が投下した爆弾の一〇倍もの破壊力を持つ時代に、全面戦争は考えられません。核戦争によって生じる致命的な毒物が風や水や土壌や種子によって地球の果ての隅々にまで運ばれ、まだ生まれ来ない世代にまで影響を与える時代に、全面戦争は考えられません。

自分たちが現実にはそれを使う必要がないことを確信する目的で確保している核兵器に、毎年何十億ドルもの費用をかけるのも、平和を維持するためには必要なことです。

しかし、このような無益な兵器の蓄積――ただ破壊するだけで、決して創造することがない兵器の蓄積――が、平和を保持するための、唯一の、いわんや最も有効な方法ではないのであります。

私が話す平和は理性的な人間による必然的に理性的な目的としての平和なのです。平和の追求が戦争の追求ほど劇的でないことは分かっています。いや、しばしば、平和を求める人の声はただ音として人々の耳に届くだけにしかすぎません。だが、我々にはこれ以上に火急な課題はないのです。

しかし、同時に私は我々も個人として、国家として、我々自身の態度を再検討しなければならないと信じているのです。我々の態度は彼らの態度と同じくらい重要だからなのです。だから、この大学のすべての卒業生、戦争に絶望し、平和をもたらすことに助力したいと願っているすべての思慮ある国民は、まず内に目を向けて、平和の可能性に対する、ソ連に対する、冷戦の経過に対する、そしてまたアメリカ国内の自由と平和に対する自分自身の態度を検討し始めるべきなのであります。

あまりにも多くの人々が平和は不可能である、非現実的であると考えています。だが、これは危険な敗北主義的な考え方なのです。これは戦争は不可避である、人類は破滅の運命にある、我々は支配することのできない力によって支配されている、という結論へ導くのです。

こうした考えを受け入れる必要はないのです。我々の問題は人間が生んだものなのです。それゆえ、人間はそれを解決することができるのです。そして、人間は自分が望むだけ大きくなれるし、人間の運命に関するどのような問題も、人間の力の範囲外のものではないのです。人間の理性と精神は、しばしば一見解決不可能な問題を解決してきました。我々人間は、この問題を解決することができると、私は信じているのです。

私は一部の空想家や狂信者が今なお夢みている全世界の平和や善意といった絶対的かつ無制限の概念のことを言っているのでありません。私は夢やその価値を否定しませんが、これらを我々の当面の、そして唯一の目標にしたとすれば、悪戯に失望と疑惑を招くだけでしょう。

そうではなく、より現実的な、より達成可能な平和、人間性の急激な革命ではなく、人間の諸々の制度の斬新的進化に基づき、関係者すべての利益になる一連の具体的措置と、有効な協定に基づく平和に力を注ごうではありませんか。こうした平和を切り拓くための一個で間に合う簡単な鍵はありません。一、二の国によって採択される魔力を持った一大方式などというものもありません。真の平和は、多くの国が協力して生み出したものでなければなりませんし、多くの措置が重なって、初めて創り出されるものなのです。それは静的なものではなく、動的で、各時代の挑戦に応じるために変化しなければならないのです。平和はひとつの過程にすぎず、問題を解決するためのひとつの手段だからなのです。

こうした平和が存在したとしても、家族や国家の内部におけると同じく、依然として争いや利害の対立があるでしょう。世界の平和は地域社会の平和と同じく、各人が隣人を愛することを要求するのではなく、ただ単に彼らが互いに寛容の心をもって共存し、その紛争を公正で平和的な方法に委ねることを要求するのです。歴史は、諸国家間の敵対関係も、個人の場合同様、永久に続くものではないことを教えてくれているのです。我々の好き嫌いが、どんなに固定したものに見えたとしても、時代と事態の潮流によって、しばしば国家間、隣人間に驚くべき変化がもたらされるものなのです。

だから、たゆまず努力を続けようではありませんか。平和は必ずしも実現不可能なものではありません。戦争も必ずしも不可避ではないのです。目標をもっとはっきりさせることによって、それをもっと処理しやすい、身近なものに思わせることによって、我々はすべての人がそれを見、それから希望を得、それに向かって一切の障害を押しのけて力強く進むのを支援することができるのです。

ソ連に対する我々の態度を再検討しようではありませんか。ソ連の宣伝家たちが絶えず書いている通りのことを、ソ連の指導者たちが実際に信じているかもしれないと思うと悲観せざるを得ません。軍事戦略に関する最近のソ連の教本を読んで、ページごとに「米帝国主義者は違った形態の戦争を始めようと準備している」とか「米帝国主義者の政治目的は、欧州その他の資本主義諸国を経済的、政治的に隷属させ、侵略戦争によって世界支配を達成することにある」といったような、全く根拠のない途方もない言いがかりが、いろいろと書かれているのを見ると悲観せざるを得ません。

まことに、古の書物にもある通り、「悪者は誰にも追跡されないのに逃亡する」のです。それにしても、このようなソ連の言い分を読み、米ソ間の感覚がいかに大きいのかを知ると、悲観せざるを得ません。しかし、それは同時に警告であり、ソ連と同じような落とし穴に陥らぬよう、相手方の歪められた絶望的な見方だけを見ることがないよう、紛争を不可避と考えたり、協調を不可能とみたり、コミュニケーションは形容詞や脅し文句の交換以上の何物でもないと思ったりすることがないよう、アメリカ人に警告してくれているのです。

政府や社会組織がどんなに悪くても、その国民が道義に欠けていると考えてはなりません。我々は、アメリカ国民として、共産主義は個人の自由と尊厳を否定するので、深く忌まわしいと思っています。それでもなお、我々は科学と宇宙開発、経済と工業の発展、文化や勇敢な行動の面などで、ソ連国民の上げた多くの業績を讃えることができるのです。

米ソ両国民が共通に持つ幾多の特性のなかで、戦争に対する相互の嫌悪以上に、顕著なものはありません。大国間では珍しいことですが、米ソ両国は一度も互いに戦争したことがないのです。戦史上、ソ連国民が第二次大戦中に受けた苦難以上の苦難をなめた国民はかつてありませんでした。この大戦中、ソ連国民の少なくとも二千万人が生命を失ったのです。数百万戸の住宅や農場が焼かれたり略奪されたりしたのです。工業地帯の約三分の二を含むソ連全領土の三分の一が荒廃に帰したのですが、これは我が国のシカゴ以東の全域が荒廃に帰したのに相当する損害だったのです。

今日もし全面戦争が再び起きるようなことがあれば――どのようにして起きようとも――米ソ両国が互いに主要目標になるのです。荒廃の危険に最も曝されるのは、世界最強の両国であるという事実は、皮肉ではあるが厳然たる事実なのです。我々がこれまでに築きあげてきたもの、我々が努力してきたすべてのものが破壊されてしまうのです。そして冷戦においてさえ――冷戦は、米国の最も親密な同盟国を含む多数の国に重荷と危険をもたらしているわけですが――最も重い荷を背負っているのは両国なのです。無知と貧困と病気を克服するために活用できるはずの巨額の金銭を、両国共に大量の兵器生産に投じているからです。両国共に、一方の側の疑惑が他の側の疑惑を生み、新兵器が対抗兵器を生み出す危険な悪循環に陥っているのです。

要するに、アメリカとその同盟国およびソ連とその同盟国は共に、真の公正な平和の確立と軍拡競争の停止に、相互に大きな利益を持っているのです。この目的に対して合意できるなら、それはアメリカだけでなくソ連にも利益になるのであります。そして、どのような敵対国であったとしても、こうした条約義務、自国の利益になる条約義務だけは受諾し、順守することを期待してよいはずです。

だから、我々は両国の相違点に目をつぶるべきではないのです。だが同時に、両国共通の利益と、これらの相違点を解消することのできる方策に注意を向けようではありませんか。

それでも、これらの相違点を今すぐになくすことはできないでしょう。だが、少なくとも、多様性が安全に存在する世界をつくることはできるはずなのです。なぜならば、結局、最も基本的に我々を互いに結び付けているのは、我々がすべてこの惑星に住んでいるという事実なのです。我々はみな同じ空気を吸っているのです。我々はみな子孫の将来のことを考えているのです。そして、我々はみなどうせ死んでいくのです。

第三に、冷戦に対する我々の態度を再検討しようではありませんか。その際、我々はディベート競技に参加して、得点をかせごうとしているのではないことを思い出さなければなりません。相手をただ非難したり、相手を勝手に判断したりしているのではないのです。我々は現実のあるがままの世界に対応しなければならないのです。この一八年間の歴史が違っていたら、こうなっていただろうという世界に対応するのではありません。

それゆえ、我々は共産圏内部に建設的な変化が起きて、現在は手が届かないように見える解決が、手の届くものになることを希望しつつ、忍耐強く平和の探求に努めなければならないのです。我々は、共産主義者が本当の平和について合意することが、彼らの利益なるように行動しなければならないのです。とりわけ、我々核保有国は、我々自身の重要な権益を守りながらも、相手国に対して屈辱的な撤退か核戦争かの選択を迫るような対決は避けなければなりません。核の時代にこのような方策を取ることは、我々の政策の完全な破綻を示し、全世界の集団的な死を願うことを示すだけにしか過ぎないのです。

以上の目的を果たすために、アメリカの兵器は挑発的なものではなく、慎重に制御され、相手の攻撃意思を弱め、選択的に使用できるものなのです。我が軍は平和を守ることが目的であり、そのために自制するよう訓練されているのです。我が国の外交官は不必要な刺激を避け、単なる口先だけの敵意表明を避けるよう命じられているのです。

我々は防衛態勢を緩めることなく、緊張の緩和は求めることができるのです。そして、我々としては、自分たちの断固たる決意を証明するために脅しを用いる必要はなどないのです。我々は自分たちの信念が侵されることを恐れて、海外からの放送を妨害する必要もないのです。我々は自分たちの制度を、これを望まない人々に押し付けるようなことはしません。しかし、我々は地球上の、他の人々と平和的な競争であるなら喜んで参加するし、そうすることができるのです。

また一方では、我々は国連を強化すること、その財政上の問題を解決すること、それをより効果的な平和の手段とすること、それを真の世界安全保障機関とすることに腐心しなければなりません——つまり、国連を法に基づいて紛争を解決できる組織に、大国と小国の両方に安全を保証する機関に、そして兵器が最終的に廃止される環境を生み出す機関にしなければならないのです.

同時に、非共産主義国家内部の平和維持に努めなければなりません。そのすべてが我々の友好国である彼らの多くが、様々な問題をめぐって分裂状態にあります。そのことが西側の結束を弱め、共産主義の介入を招き、戦争を誘発しかねないのです。ウェスト・ニューギニア、コンゴ、中東、そしてインドシナ半島における我々の努力は、双方の側からの批判にもかかわらず、変わることなく、根気よく続けられてきました。メキシコやカナダという我々にとって最も親しい隣人たちとの、ささいな、だが重要な意見の相違を調整する努力をすることで、その他の国々に対してなんらかの模範を示そうとしてきたのです。

他国について語るとき、私は次の点を明らかにしておきたいと思います。我々は同盟によって多数の国々と結ばれています。この同盟は我々の利害とそれらの国々の持つ利害とが基本的に重なり合っているからです。例えば、西欧と西ベルリンを守るという我々の決意は決して弱まることはありませんが、それは我々の利害関係が一致しているからなのです。アメリカ合衆国は他の国々やその国民たちを犠牲にして、ソ連と取引をすることはありません。単に彼らが我々のパートナーだからではなく、彼らの利害と我々の利害がひとつだからなのです。

しかし、我々の利害が一致するのは、ただ自由の辺境を防衛するという点にあるだけでなく、平和への道を探求する点にでもあるのです。我々が願うのは、そして同盟を結ぶ政策の目的は、まさにソ連に対して、その同盟国に自国の将来を選択させるということです、もちろん、その選択が他国の選択の干渉とならないかぎりにおいて、選択させることを認めさせることなのです。自分たちの政治・経済体制を他の国に押し付けようとする共産主義者の動きこそが、今日の世界の緊張の主な原因なのです。なぜなら、他国の自決（の権利）に干渉することをすべての国々が止めるなら、平和がずっと確かなものになることは疑いないからなのです。

そのためには、世界法（world law）を作り上げる新しい努力が必要になります。その世界法とは世界規模の討議のための新しい環境のことです。当然、ソ連と我々との間でもっと理解し合う必要があります。よりよい理解のためには互いが接触し、意見を交換する機会を増やす必要があるのです。この方向に向けての第一歩こそモスクワとワシントンの間の直通回線の設置の提案なのです。これによって、どちらの側にあっても、相手に対する危険なほどの対応の遅れや誤解や相手の行動を読み違えるということを避けることができるのです。こうしたことは危機の時にあってよく起きるものだからです。

我々はこの他にもジュネーブで、激化する軍拡競争を制御し、偶発的な戦争の危険を減らすことを目的とした最初の軍備管理の措置について話し合ってきました。しかし、ジュネーブにおける我々の長期的な関心は全面完全軍縮なのです――それは、武器に代わる新しい平和の手段を打ち立てるために、政治的な進展と平行して段階的に実施されるよう計画中なのです。

軍縮は一九二〇年代以降、我が国の政府が努力して追求してきたものです。これまで三代の政府は熱心にこれを求めてきました。そして、今日、見通しはいかにかすかなものであろうと、この努力を続ける覚悟なのであります。我々自身を含め、すべての国が軍縮の問題とその可能性が実際にどのようなものなのかをよりよく理解できるよう努力を続けていく所存なのであります。

これらの交渉で、目標は目の前に見えていながら、それでも新しい出発が切実に求められている主要な分野は、核兵器を禁止する条約です。

この条約の締結は、目前でありながら遠いのですが、最も危険な分野において螺旋階段状に激化する軍拡競争を止めることになるのです。この条約は核保有国を、いま一九六三年に我々が直面する最大の危険の一つ、つまり核兵器のさらなる拡散と効率的に対処する立場に置くことになります。この条約は我々の安全を増し、戦争の可能性を減じるのです。たしかに、この目標は不断の追求を必要とするほど重要です。これまでのあらゆる努力を放棄する誘惑に誰も屈してはならないし、有効で責任ある安全保障制度を求めてきた主張を放棄する誘惑にも屈してはならないのであります。

そこで、この機会を利用して、二つの重要な決定を発表します。

第一に、フルシチョフ・ソ連首相とマクミラン英国首相と私とは、包括的な核実験禁止条約を早期に締結するために、近くモスクワで政府高官による会議を開くことで合意しました。我々は歴史が用心するよう呼び掛けている以上、これに対する過大な期待は避ける必要があるのですが、それでも我々の期待は、全人類の期待でもあるのです。

可能であるなら、戦争の影から身を引いて、平和への方策を探ろうではありませんか。そして、もしその方策の旅路が一〇〇〇マイル、あるいはそれ以上あるとしても、我々はこの国で、今この時に、その第一歩を踏み出したと歴史に刻ませようではありませんか。

第二に、この件に関する我々の誠意と厳粛な信念とを明らかにするために、私は他国がしないかぎり、大気圏内での核実験はしないことをここに宣言します。我々は実験を再開する最初の国にはなりません。この宣言は、拘束力のある正式な条約に代わるものではありません。だが、その実現の一助となることを私は強く望んでいるのです。

我が同胞のアメリカ国民の皆さん。最後に国内の平和と自由に対する我々の態度を再検討してみましょう。我々の社会の質と精神は、海外での我々の努力を正当化し、支援するようなものでなければなりません。我々は自分たちの生活を捧げることで、これを示さなければならないのであります。本日卒業される諸君の多くは、このことを実践することで、ユニークな機会を持っているのです。それは海外での平和部隊や、現在計画中のアメリカ国内での国内奉仕部隊で無償の奉仕をすることなどです。

しかし、どこにいようとも、我々はみな、平和と自由は相伴うものだという古くからの信念に恥じない行動を、日々の生活の中で取っていかなければならないのです。今日、我が国の非常に多くの都市では、自由が不完全なために、平和が確立していません。

権限内のあらゆる手段によって、すべての国民に自由を与え、これを擁護することは、地方、州、合衆国を問わず、それぞれの立場の行政府の責任なのです。この権限が現在なお十分でないなら、これを十分なものにするのは、それぞれの立場の立法府の責任なのであります。そして、他のすべての人の権利と国法とを尊重することは、あらゆる地域の、あらゆる国民の責任なのであります。

以上のことは世界平和に無関係ではありません。聖書に「人の道が主を喜ばせるとき、主は人の敵をその人と和らがせる」とあります。平和は、結局は、根本的に人権、踏みにじられる恐れもなく人生を全うする権利、自然が与えたままの空気を呼吸する権利、将来の世代が健全な生存を続けることができる権利の問題なのではないでしょうか？

我々は我が国の利益を守っていく一方で、人間の利益も守っていこうではありませんか。競争と軍備の廃棄は、明らかにこの二つを利するものなのです。条約は、どれほど大きな利益を万人に与えるものであったとしても、どれほど厳格な条文で規定されているものであったとしても、欺瞞や回避の危険に対する絶対的な保障とはなりえないのです。しかし、条約は、もしそれが実施上、十分に効果的であり、十分に締結国の利益となる場合には、不断の無統制な予断しがたい軍備競争よりも、はるかに大きな安全を与え、はるかに大きく危険を減らすことができるのです。

世界が知っているように、アメリカは決して戦争を始めることはしない。我々は戦争を望みはしない。近々戦争が起きるとも思っていない。現代のアメリカ国民は、戦争や憎悪や圧政にはすでに飽き飽きしているのです。もし他国が戦争を望むなら、我々もそれに備えなければならない。しかし、そうならないように十分に警戒していなければならないのです。

だが、我々は弱者が安全であり、強者が公正である平和の世界を築き上げるために、我々の役割を果たすつもりでいるのです。我々はそのような任務を前にして、決して無力ではなく、その成功に絶望しているわけでもありません。自信を持ち、恐れることなく、そして我々は人類絶滅の戦略に向かってではなく、平和の戦略に向かって全力で努力し続けるのであります。

テレビ演説（一九六三年六月一一日）

国民の皆様、今晩は。

今日の午後、一連の脅迫と挑発的な声明が続発したために、アラバマ州立大学構内にアラバマ州兵の出動を要請しました。アラバマ州北部を管轄する合衆国高等裁判所の最終の、そして明白な命令を執行するためでした。この命令は、たまたま黒人（ニグロ）に生まれた二人の明らかに資格を備えたアラバマ州の若い住民が大学に入学することを許可せよ、というものでした。この二人が大学に平和的に入学することが認められたことは、自分たちの責任に建設的に取り組んだアラバマ大学の学生の行動に大いに寄与するものです。

私は、住んでいる場所に関わらず、すべてのアメリカ人が、一度立ち止まって、このことや他の関連する出来事に関して自分たちの良心に問いかけてもらいたいのです。この国は多くの民族と多くの背景とを持った人々によって建国されたのです。しかも、この国はすべての人は平等に造られている、そしてすべての人のあらゆる権利は、一人の人の権利が脅かされたときに、その意味を失うのだという原則に基づいて建国されたのです。

今日我々は自由になりたいというすべての人びとの権利を守り、さらに促進していこうという世界的規模の戦いに携わっているのです。そして、アメリカ人がベトナムや西ベルリンなどに送り出される時、白人たちだけが命令されているのではありません。したがって、皮膚の色が何色であっても、アメリカ人の学生なら自分が選んだ公共教育機関に、軍隊に護衛される必要もなく、入学できるべきなのであります。

いかなる皮膚の色をしたアメリカ人も消費者として、ホテルとかレストランとか劇場とか、小売店とかの公共の施設で、街頭デモに訴える必要などなく、平等の応対を受けることができるはずなのです。さらに、いかなる皮膚の色であろうとも、アメリカ国民なら、妨害や報復を恐れることなしに、選挙人登録ができ、投票ができるべきなのです。

つまり、すべてのアメリカ人が、人種や皮膚の色に関係なく、アメリカ国民としての特権を享受できるべきなのであります。さらに言えば、すべてのアメリカ国民は自らが望むような応対を受ける権利を持っているのです。それは人が自分の子供が正当な応対を受けて欲しいと願うのと同じなのです。だが、それは今、現実ではありません。

とにかく、アメリカで生まれる黒人の乳幼児は、生まれたのがアメリカのどの地域であるかに関わらず、同じ日に同じ場所で生まれた白人の乳幼児の半分ほどしか高校を卒業できないのです。大学を卒業する機会は三分の一しかありません。専門職に就く可能性も三分の一しかありませんし、逆に失業する可能性は二倍、そして一万ドル以上の収入を得る可能性となると七分の一しかありません。平均寿命は七年も短く、生涯収入の見込みは半分もないのです。

これは地域的な問題ではありません。人種隔離や人種差別に派生する多くの困難な状況は合衆国のすべての都市、すべての州に存在しているのです。そして、その多くの都市で、公共の安全を脅かす、増大する一方の不満を生み出しているのです。また、この問題は単なる党派的な問題ではありません。この国内の危機的状況にあって、善意と寛容さとを有する人々は党だとか政治だとかを越えてひとつになることができるはずなのです。またこれは、
法的な問題でもなく、議会が対処するべき問題でもありません。たしかに、これらの問題を街頭ではなく法廷で解決することは望ましいことですし、あらゆる点で新しい法律が必要とされていることも事実です。しかし、法律があるからと言って、人が正しくものを見られるわけではありません。

いま我々は基本的に道徳的問題に直面しているのです。この問題はまさに聖書の時代からの古い問題であり、またアメリカ合衆国憲法のことばほど明確なのです。

つまり、問題の核心はすべてのアメリカ人が平等の権利と平等の機会とを享受できるかということであり、我々が仲間のアメリカ国民に、自分が施してほしいように施してあげられるかということなのです。もしもひとりのアメリカ人が、その人の肌が黒いからと言って、公に開かれているレストランで昼食を取ることが出来ないとしたら、またその人が自分の子供を可能な限り最高の学校に送ることができないとしたら、またもし自分が議員になってほしいと思う人に投票することすらできなかったとしたら、要するにまた、もし我々が心から望む自由で満たされた生活を楽しむことができないとしたら、我々のなかにその人と肌の色を取り換え、その人と生活を入れ替えても構わないという人が果たして一人でもいるものでしょうか?我々の中に我慢しろとか、ただ遅れているだけだという言い訳に満足できる人が果たしているものでしょうか?

リンカン大統領が黒人奴隷を解放して以来、実際の解放が遅れたまま一〇〇年が過ぎました。しかし、解放された奴隷たちの子孫たち、彼らの孫たちは、まだ十分に自由ではありません。彼らは不正義の束縛から未だに解き放たれていないのです。彼らはまだ社会的、経済的な抑圧から自由になってはいないのです。したがって、この国は、いくら夢を持ち、いくら得意になったところで、その国民すべてが自由にならない限り、十分に自由だとは言えないのです。

我々は世界中で自由を説いています。ここ国内で、我々は自分たちの自由を大切にしています。しかし、我々は世界に向けて、いやもっと大事なことですが、互いに対して、この国は黒人以外には自由な人々の土地なのだと言えるのでしょうか？黒人以外には第二級の市民はいないと言えるでしょうか？我が国は黒人を除いては、階級もなければ、カースト制度もない、貧民街（ゲットー）もないし、すべてに優先する人種もいないと言えるのでしょうか？

今この国が最初の約束を果たすべきときがきたのです。バーミンガムやその他の場所での出来事は平等への叫び声を増大させました。そのため今やどの町もどの州も、そしてどの立法機関も十分に考えたうえで、これらの叫び声を無視できなくなりました。

欲求不満と反発の火がすべての都市で燃えています。北部や南部を問わず、法的な対応策が用意されていないところではなおさらです。救済はデモ、行進、そして抵抗運動に、街頭で求められているのです。しかし、それらは緊張状態を引き起こし、暴力を予期させ、また生命さえ脅かします。

したがって、いま我々は国家として、また一つの国民として、道徳的な危機に直面しているのです。抑圧的な警察の行動では間に合いません。街頭で増える一方のデモ行進に任せておくこともできません。口先だけの行動や話しでは鎮めることはできません。連邦議会で、あなたの州とあなたの地域の立法機関で、そして究極的には我々すべての日常生活で、行動するべき時なのです。

他人を個別に非難したからといって、あるいはこの国のどこか一部の地域の問題だと言うだけで、また我々が直面している事実を嘆くだけで、済む問題ではありません。大きな変化が今こそ必要なのです。我々の仕事、我々の責任は、革命を起こすことであり、その大きな変化を平和的なものにし、我々すべてにとって建設的なものにすることなのです。

何もしない人々は暴力を招くと共に、恥を招いているのです。勇敢に行動する人たちは現実と共に、正義を理解しているのです。

来週、私は合衆国議会に対して行動を起こすことを求めます。わが国ではこれまで十分に対応してこなかったことに立ち向かう、つまり人種はアメリカ人の生活や法律にまったく関係がないという原則に立ち戻るための行動です。連邦裁判所は一連の率直な判決でこの原則を有効としてきました。行政府もその政策において、この原則を採用してきました。たとえば、連邦職員の採用において、連邦の設備の使用において、また連邦政府が資金援助した住宅の販売においてです。

しかし、他にも必要な手段があるのです。それは議会だけが付与することができるものなのです。しかも、この会期の内になされなければならないのです。現在の生活を規定している平等法の古い条項では欠点は正すべきだとしています。だが、余りにも多くの地域社会において、この国の余りにも多くの地域において、悪いことはすべて黒人市民に押し付けられ、法に関してはいっさい手直しがされていないのです。連邦議会が行動しないかぎり、手直しする手段は街頭にしかありません。

したがって、私は議会に、公に開かれている施設においては、すべてのアメリカ国民が同じように応対される権利を彼らに与える法律を作るよう求めているのです。その施設とは、ホテルやレストランや劇場や小売店、などのことです。

この権利は私にはごく基本的な権利だと思えます。この権利を否定することは意図的に人の尊厳を傷つけることなのです。一九六三年の時点ではアメリカ人の誰一人としてそんなことに耐えるべきではないのです。ただ、現実には多くのアメリカ人が耐えているのですが……。

最近、私は数十名の実業界の指導者たちに会いました。そして、彼らにこの差別を終わらせる自発的な行動を取るよう要請しました。そのとき、彼らの反応は私を鼓舞してくれるものでした。この二週間ほどで、七五以上の都市で先ほど挙げた様々な施設での差別を撤廃する方向で、明らかな進展を見ました。しかし、多くの都市では、自分たちだけが行動を取ることに躊躇しているのです。そのために、全国的な法令が必要なのです。そうすればこの問題を街頭から法廷に移すこともできるのです。

また、同時に私は連邦政府が公教育での差別を終わらせるために、これまで以上に自由に法廷闘争に加わることができるようにすることを求めています。我々は多くの差別を終わらせるよう多くの学区をうまく説得してきました。暴力行為なしで黒人の入学を容認した学区もかなりありました。現在では五〇州すべてで少なくとも一人の黒人児童が公立の学校に通っています。しかし、その進展の速度は余りにも遅いのです。

九年前の最高裁の判決時に人種差別されていた小学校に通っていた黒人児童のうち、余りにも多すぎる数の子供たちがこの秋からまだ差別されている高校に通うのです。彼らは結局、今後決して取り返すことのできない損失に苦しむことになるのです。適切な教育を受けられないことで、黒人たちはそれなりの仕事に就く機会を否定されているのです。

最高裁判決をきちんと実践に移すことを、法的な行動を取るだけの経済的資金を持たない人々、あるいは常に軽蔑される対象になっている人々に任せるわけにはいきません。

他にも達成しなければならないことがあります。投票権をいま以上に守っていくことです。しかし、繰り返しになりますが、法律だけでこの問題を解決することはできません。全国のあらゆるコミュニティに住むすべてのアメリカ国民の家庭において解決されなければならないのです。

この点に関しては、私は自分たちのコミュニティにいるすべての人々の生活をより良いものにしようと努力してきた人々、北部にも南部にもいるこうした人々に敬意を表したいと思います。彼らは単に法的な義務感で行動しているのではありません。人間として持つ他人への思いやりから行動しているのです。

世界中のあちらこちらにいるアメリカ陸軍の兵士や海軍の船員たちのように、彼らは最前線で自由の挑戦を受けているのです。彼らの名誉と勇気に対して、私は敬礼するものです。

アメリカ国民の皆様。これこそがいま私たち全員が直面している問題なのです。南部だけでなく、北部のあらゆる都市において直面している問題なのです。今日、白人と比べて二倍にも三倍にもなる失業中の黒人たちがいます。十分な教育を受けられず、大都会に移住してもなお仕事を見つけることも出来ないでいるのです。若い人たちが特に仕事もなく、希望もなく、そして平等の権利を否定されているのです。レストランで食事する機会も否定され、スーパーマーケットの片隅のカウンターで食事することも否定され、映画館に入ることも否定され、まともな教育を受ける権利も否定され、そしてたとえ資格を備えていたとしても、州立大学に入学する権利も否定されているのです。これは我々すべてが関心を持つべき問題であると思います。ただ、大統領や議員や知事と言った政治家だけでなく、アメリカ合衆国のすべての国民が関心を持つべき問題なのです。

この国はひとつの国家です。この国がひとつなのはここにやって来たすべての人びと、そして我々すべてが、自分たち自身の持つ何某かの才能を伸ばす機会が平等に与えられているからなのです。

人口の一割の人たちにこの権利は持てないと告げることはできません。その人たちの子供たちに、たとえ才能を持っていたとしてもその才能を伸ばす機会はありませんと告げることはできないのです。その権利を得る唯一の方法は街頭に出てデモに参加するしかないのだと告げることなどできません。我々の責任で、その人たちにずっと良い国を与えてあげなければならないのです。それは我々自身の責任で我々自身にもっとよい国を与えることになるのです。

私たちが前進するのをもっと容易にしてくれるよう皆さんにお願いしているのです。我々が自分たち自身に望む平等な対応を、すべての人に与えてくれるようお願いしているのです。すべての子供たちが彼らの能力の限度まで教育を受けられるようにしてくれることをお願いしているのです。

すでに述べたように、すべての子供がまったく同じ才能を持っているわけではありません。まったく同じ能力を持っているわけでもなく、同じ向上心を持っているわけでもありません。それでもすべての子供たちは自分の才能と能力と向上心を少しでも発展させて、自分が何者かになる平等の権利を持っているはずなのです。

我々は黒人社会が責任を果たすこと、法律を守ることを望んでいます。だが、彼ら黒人も法律が公平で、憲法が肌の色を問題にすることがないことを望む権利を持っているのです。それはちょうど二〇世紀の初めにハーラン判事が述べていたことなのです。

これこそがいま我々が議論している問題なのです。この国が関わるべき問題なのです。この国がよって立つべき問題であり、この問題に立ち向かうにあたって、私は国民すべての皆さまのご支援をお願いしたいのです。

ありがとうございました。

あとがきに代えて

本書の第四章の冒頭でも書いたが、ケネディ大統領が選出された年、一九六〇年に私は中学に入学した。団塊の世代を代表する年代のひとりとして、まだ「戦前教育」が残る私立中学の門をくぐった。夏休みが終わるころ、アメリカの若い大統領候補としてのジョン・F・ケネディの名前が広く知られるようになった。四二歳の候補者には三歳の女の子がいて、美しい若い奥さんは次の子供を妊娠中だった。そんな家族構成に魅力を感じたことをしっかりと記憶しているが、それから五八年の歳月が流れた。

高校一年生のときに、そのケネディ大統領が暗殺された。その時の衝撃は私の中ではまだ新鮮なかたちで残っている。しかし、あの一九六三年一一月二二日から、あと少しで丸五五年が過ぎようとしている。

高校生から今日まで、思い出を辿ると実に短い年月にしか感じない。いつの間にか五五年が経った。そして、いつの間にかアメリカ政治研究の道を歩み続け、そして半年ほど前にその道の終点に到達した。専攻はアメリカ政治と言いながら、ケネディ大統領から離れることはできなかった。本書の「はじめに」でも触れたことなので省略するが、彼の遺言と捉えられる演説を取り上げたことで、いまは人生にもう悔いはない、という心境になった。ケネディ大統領に関しては、もう書いたり、語ったりすることは残っていない。

本書はそんな意味で個人的なことだが、私の人生のおそらくは最終的な区切りとなるものだろう。

二〇一八年の梅雨前に彩流社の竹内淳夫社長と食事する機会を得た。そのときに、酒の勢いを借りて、こんな本が書きたいということを話した。すると社長が、ケネディの遺言ってタイトルになるとおっしゃって下さった。その瞬間に書きたいと思うエネルギーが湧いて来た。

そして、その夜の帰り道でケネディの最後に近い演説を彼の遺言として扱うのであるなら、私が感じていた不安と懸念も同じように遺言として書けないだろうかと思い出した。

ケネディは本当の平和を語るなかで、いま生きている自分たちの平和だけでなく、子供の時代、孫の時代、そしてその先の子孫の時代の平和、つまり永遠の平和を構築しなければならないと言う。まさに彼の遺言のテーマだ。

この数年、いや安倍晋三が総理大臣に返り咲いたころから、私は日本の現状に大きな不安と危惧を感じ出していた。二〇一二年一一月一四日の国会での党首討論会で、当時の野田佳彦総理大臣と対決した安倍晋三自民党総裁が、野田が提案した「国会議員の定数削減」や「行政改革」の実行を約束した。これを受けた野田が総選挙に打って出て、そして敗北した。その結果総理大臣になった安倍は、早速アベノミクスだとか美しい日本だとかと標語を打ち出すものの、野田との約束にはまったく手をつけようとしなかった。私はこれに大きな疑問を感じ出した。

その後、北朝鮮の拉致被害者の問題もまったく進展せず、国際オリンピック委員会の総会ではこともあろうに福島の放射線は「アンダー・コントロール」と暴言を吐いた。安倍は嘘つき、との印象が強まった。その後の彼は古賀茂明・望月衣塑子の著作のタイトルではないが、まさに『The 独裁者』(ベストセラーズ、二〇一八年)として君臨するようになった。総理総裁としての権力と国会の多数を背景に、強行採決や果ては委員会審議を経ないでの採決(共謀法案)など慣例を無視し、原理・原則を無視する、およそ民主主義国家の指導者とは思えない政治を展開し続けることにますます失望した。

そして、集団的自衛権を勝手に閣議だけで正当化するという「違憲」行為によって防衛関連法案の強行採決を実施した安倍政治にはただもう絶望するだけだった。

ケネディの言う子々孫々までの世界に我々は責任があるということを思うにつけ、あと半年で一〇人目の孫を持つことになるはずの私は、絶対に彼らに武器を持たせるようなことにしてはならない、彼らが平和の美名のもとに殺人を犯すことがあってはならない、と強く思うようになった。

以上が本書の主要テーマの枠外となった第四章誕生の経緯である。どんなことがあっても、現政権、いやいかなる政権による現行憲法の改変には反対するという決意は、強まる一方である。戦後の七〇年を守り続けてきた日本国憲法には、それなりの価値がある。しかも、その価値は世界唯一の被爆国となってしまった戦前の過ちを強く反省することによって生まれた価値であり、世界でただひとつの「国際紛争解決の手段としては……（武力による威嚇、又は武力の行使は）……永久にこれを放棄する」ことを定めた実に貴重な憲法なのだ。

いま、世界が混沌とし、宗教がらみの殺戮があり、そして核兵器を背景に領土を拡大しよう、あるいは覇権を広げようとする国の出現が散見される時にこそ、世界を導く光となるはずの憲法なのだ。これを変えることなど許せないと強く思う。

国を守るには武器が必要だ。日本の周辺の状況を考えればいまこそ軍事力強化だと安倍首相周辺は主張する。しかし、武器が武器を呼ぶ、武力が武力を呼ぶ――これはケネディの指摘を待つまでもない真実である。

国を守る手段は決して武器だけではない。外交の力、貿易の力、文化の力、そして人的な交流による力――これらが有効な防衛手段であるはずなのだ。要するに、どこの国にも攻めたらダメと思わせるような国造りをすればよいはずだ。

それには軍事に頼るのではなく、常日頃から相手国、特に周辺諸国とは接触の回数、交流の回数を増やすことで、少しでも誤解をなくす努力をすることだろう。国家間の関係では、様々な問題での対立があるのは当然だ。しかし、ケネディが就任演説で語っていたように、「……共に我々を分裂させている問題に力を注ぐ代わりに、何であれ我々を結びつける問題を探求して」いくことは十分に可能なはずなのだ。このケネディの呼びかけが、米ソという最悪の敵対関係にあった国同士を部分的核実験禁止条約の締結にまで導いたのだ。そしてこの事実は同時に、ケネディの同じ就任演説の中の次のことばに我々の注目を向けさせることになる。「……誠実でありさえすれば、それは常に必ず相手に通じるものであるということを心に留めようではありませんか。恐怖心から交渉するようなことはしないようにしようではありませんか。しかし、交渉することを恐れないようにしようではありませんか」

国家間の政治指導者の関係も究極的には人間同士の関係であり、人間として大事なのは相手を騙したり、嘘をついたり、貶めたりしないことだ。つまり、誠実であることが、日常生活におけるのと同様に重要なことなのだ。自分が誠実であれば、必ずそれは相手にも通じるというケネディの信念が、そして誠実であるからこそ相手と交渉するべきだという信念が、短い在任期間のなかで歴史に残る仕事を生み出していたのだ。

もちろん、当時のアメリカの軍事力がその裏にあったという指摘もできるだろう。しかし、ケネディは本書の第三章で紹介したように、ことごとく軍事力そのものに物を言わせる提案を拒否していたのだ。誠実であること、そして交渉を恐れないこと——この二つを守り抜くことで新しい平和の世界、彼が言う「本当の平和」の世界を作り出そうとしていたのだ。

韓国の文在寅大統領の突然の訪朝によって雪解けムードが漂う東アジアではあっても、まだ依然として様々な思惑と利害関係が錯綜しているのはたしかだ。不確定要素が多い現状のなかで、日本の選択するべき道を示してくれているのがケネディなのだ。軍事力を前面に掲げるしか能のないトランプと一緒になって、ただ圧力をかけ続けたり、あるいは日米同盟という虚構を頼って強国の振りをしていればよい訳ではない。

日本にある米軍基地は中国にとっても、あるいは北朝鮮にとっても、「いざ」のときには真っ先に攻撃対象にする軍事目標である。この意味で、「日米安保」は決して日本の安全を保障しているわけではないことを今こそしっかりと認識するべきであるはずだ。

日本が日本として、真の独立国家として世界に胸を張っていけるのは、独自の憲法を持った、そして唯一軍事力に頼らず、どの国にも誠意をもって友好を求める国として存在し続けることなのだ。

二〇一二年以後、五年間で六三回も外国を訪問し、多額の金銭を土産としておいてきた安倍首相だが、果たして中国、韓国、北朝鮮、そして台湾や東南アジアなど「近隣諸国」に何回出かけて行っただろうか。拉致被害者の帰還の交渉をトランプ大統領に託し、文在寅大統領に託すだけの外交を、そして日本国内には軍事的脅威のみを説くだけの政治を、我々は本当に許すべきなのだろうか。

アメリカン大学の卒業式でケネディが言った次のことばを、改めてじっくりと考えてみようではありませんか。「……結局、最も基本的に我々を互いに結び付けているのは、我々がすべてこの惑星に住んでいるという事実なのです。我々はみな同じ空気を吸っているのです。我々はみな子孫の将来のことを考えているのです。そして、我々はみなどうせ死んでいくのです」

「二度と戦争はしない」というケネディの強い思いを、本書を読んでくださった皆様が強く共有してくだされば、著者として最高の喜びである。

最後に、本書のきっかけを作ってくださり、超のつく多忙のなかで、本書を完成にまで導いてくださった彩流社の竹内淳夫社長にこの場を借りて心からの感謝の気持ちを伝えたいと思う。

平成三〇年一〇月吉日

定年後に開設した「ＪＦＫ研究所」にて

土田　宏

〔著者紹介〕
土田　宏（つちだ　ひろし）
1947年、茨城県生まれ。上智大学外国語学部英語学在学中にニューヨーク市のフォーダム大学に編入、72年に同大を卒業後、New School for Social Researchに進学して74年に修士課程を修了（MA取得：専攻アメリカ政治）。帰国後、上智短期大学講師・助教授を経て、93年より城西国際大学国際人文学部教授。2018年同大学定年退職。現在、JFK研究所所長。
著書：『幻の大統領 —— ヒューイ・ロングの生涯』（彩流社、1984年）、『ケネディ兄弟の光と影』（彩流社、1992年）、『秘密工作　ケネディ暗殺』（彩流社、2003年）、『リンカン —— 神になった男の功罪』（彩流社、2009年〉、『ケネディ ——「神話」と実像』（中公新書、2007年）、『アメリカ１９６８』（中央公論新社、2012年）、『アメリカ50年　ケネディの夢は消えた？』（彩流社、2015年）。
訳書：『ベスト・エヴィデンス —— ケネディ暗殺の虚実』（全2巻：デイヴィッド・リフトン著、彩流社、1985・86年）、『ケネディ —— 時代を変えた就任演説』（サーストン・クラーク著、彩流社、2006年）などアメリカ政治関係のもの多数。

「発想《はっそう》の転換《てんかん》」の政治《せいじ》——ケネディ大統領《だいとうりょう》の遺言《ゆいごん》

2018年11月22日　初版発行　　　定価は、カバーに表示してあります

著　者　土田　宏
発行者　竹内淳夫

発行所　株式会社　彩流社
〒102-0071 東京都千代田区富士見2-2-2
TEL 03-3234-5931 FAX 03-3234-5932
ウェブサイト　http://www.sairyusha.co.jp
E-mail sairyusha@sairyusha.co.jp

印刷　明和印刷㈱
製本　㈱村上製本所
装幀　佐々木正見

ISBN 978-4-7791-2544-7 C0022

註

はじめに

（1）本書で引用するケネディの主要演説は、本書「資料」として掲載してある。

（2）連邦議会の両院合同本会議での演説。宇宙開発への巨額の資金拠出を議会に求めた演説だった。演説は以下を参照。
The Office of the Federal Register National Archives and Record Administration, ed. *Public Papers of the President of the United States: John F. Kennedy, Containing the Public Messages, Speeches, and Statements of the President.* Vol. Ⅰ.（以下、公文書として表記）. P.404.

（3）1946年4月22日にボストンで立候補を宣言したとき、終戦後に復興に努力する世界に触れながら、「(戦争で疲弊した今の世界だが、) もっとずっと悪いのは原子力という恐ろしい力を生み出してしまった世界なのです。この先に横たわっている日々は最も困難な日々となるのです。それはともかく、昼も夜も、我々が持つ想像力と勤勉さのすべてを使って、平和のために努力しなければならないのです。もう二度と戦争をしてはならないのであります」(Helen O'Donnell, *A Common Good: The Friendship of Robert F. Kennedy and Kenneth P. O'Donnell*. N.Y.: William Morrow, 1993. p.48. に引用）と宣言した。ケネディはまだ28歳だった。

（4）ケネディが大統領に選出された1960年の大統領選挙は選挙史上最大の接戦だった。全国で投じられた一般投票では総数68,836,385票だったが、ケネディの獲得票数は34,227,095、対立候補ニクソンのそれは34,107,646だった。その差は僅か119,450票だった。ケネディは23州で勝利したが、ニクソンは26州で勝っていた。第三候補のバードが1州で勝利していた。もしケネディがニューヨーク州で負けていたら、ニクソンの勝利になっていたほどの激戦だった。

第一章

＊本書巻末の資料Ⅰを参照のこと。

（1）ウッドロー・ウィルソン（1856-1924）は第28代の大統領（任期：1913-1921）だが、プリンストン大学を卒業後、1890年より同大の教授を務め、1902年から同大の学長となる。1910年のニュージャージー州の知事選挙に勝ち翌年より同州知事を経験して、1912年の大統領選に出馬して当選。1913年に大統領に就任。

（2）ケネディの暗殺は1963年11月22日。テキサス州ダラス市内をオープンカーでのパレード中の出来事だった。

（3）トルーマンは1945 － 1953年が在任期間。ローズヴェルト大統領の急死により副大統領から昇格。1946年の選挙で大統領に当選。アイゼンハワーは第34代大統領。在任期間は1953 － 1961年。

（4）就任演説より引用。本書、資料Ⅲ参照。

（5）1961年5月25日、議会の上下合同本会議での発言。（公文書,I. 404頁）

（6）オバマ大統領の広島演説は、たとえば http://english-learninghelp.com/obama_speech_hirosima/ など参照のこと

（7）たとえば、Thomas C. Reeves. *A Question of Character: A Life of John F. Kennedy.*（Rocklin, CA: Prima Publishing, 1992）. p.245.

（8）個人的には、オバマの広島演説は非常に優れた演説として高く評価している。ケネディが言う敗北主義がその陰に存在していたかもしれないが、演説全体を貫くテーマは核兵器のない新しい時代の構築だったからだ。

（9）マタイの福音書　第22章39節など。

（10）Robert Dallek. *An Unfinished Life: John F. Kennedy, 1917-1963*. (Back Bay Books.2003). p.74.

（11）Rose Fitzgerald Kennedy. *Times to Remember*.（New York: Doubleday & Company, Inc., 1974）. pp.112-113.

（12）鈴木大拙の著作は、たとえば、*An Introduction to Zen Buddhism*. Kyoto: Eastern Buddhist Soc. 1934.

Living by Zen. London: Rader & Company, 1949.

Mysticism, Christian and Buddhist: the Eastern and Western Way, N.Y.: MaCmillan, 1957.

Zen and Japanese Culture. N.Y.: Panther Book, 1959. など多数。

（13）カナダとはアメリカの核基地をめぐる対立があった。Knowlton Nash. *Kennedy & Diefenbaker: The Feud That Helped Topple a Government*. (An M&S paperback). 1991. が参考になる。

（14）Michael Dobbs. *One Minute to Midnigh*t. New York: Alfred A. Knopf, 2008.

（15）Martin W. Sandler, ed. *The Letters of John F. Kennedy*. Bloomsbury, 2013. フルシチョフとの公的・私的交換書簡が含まれている。

（16）公文書 Ⅲ。603-606 頁にこの日の演説。演説の最後に中国の諺として「千里の道も一歩から」を改めて紹介している。

（17）Vincent Bzdek. *The Kennedy Legacy: Jack, Bobby and Ted and A Family Dream Fulfilled.* (N.Y.: Palgrave Macmillan, 2009), pp.81~82.

（18）A･ハミルトン、J･ジェイ、J･マディソン著、斎藤眞、武則忠見訳『ザ・フェデラリスト』福村出版、1991 年。44 頁。

（19）Norman Cousins, *The Improbable Triumvirate* (N.Y.: W.W. Norton, 1972), p.9.

（20）*the New York Times*, June 12, 1963. p.1.

（21）拙著『ケネディ』中公新書　194 頁。

（22）Arthur Schlesinger, *Thousand Days*（Boston: Houghton Mifflin, 1965）p.904.

（23）James W. Douglass. *JFK & the Unspeakable: Why He Died and Why It Matters*. (A Touchstone Book. 2008). p.45.

（24）*ibid.*

第二章

（1）南部のプランテーションでの黒人奴隷の扱いについては、Charles Capen McLaughlin,ed. *The Papers of Frederick Law Olmsted.* Balimore:the

Johns Hopkins University Press. 1981. による。特に Vol.ll. pp.182-187 が参考になる。また、拙稿、「ある知識人とアメリカ南部——危機の時代におけるオルムステッドの南部観——」『上智短期大学紀要』1991年、pp.25-49. も参照のこと。

（2）G. Randolph Benson. *Thomas Jefferson as Social Scientist.*（Rutherford, N.J.: Fairleigh Dickinson University Press,1971）, p.233.

（3） 1863年6月に「ウェスト・ヴァージニア州」として合衆国に加入した。35番目の州となる。

（4）ポーラ・ギディングズ著　河地和子訳『アメリカ黒人女性解放史』時事通信社　1989年、219頁。

（5）同書、222頁。

（6）『市民的不服従』岩波文庫。本書はソローの代表作のひとつだが、原題は *Civil Disobedience* という。Civil を市民的と訳したのだが、私は「市民的不服従」の意味は理解しにくいと思う。Civil にはたしかに「市民的」という使い方がないわけではないが、ここでは「礼儀正しい」という意味で理解すべきだと思う。礼儀正しいのは暴力を伴わない、武力を伴わないわけだから、この本のタイトルは『非暴力の不服従』となるはずである。市民的な行為では税金をきちんと払うはずだ。ソローはその税金の不払いによる反政府運動を展開しようとしたのだから、やはり「市民的」では意味をなさないはずだ。

（7）若き日にアメリカに留学していたマハトマ・ガンジー（1869 - 1948）もこれに接して、非暴力による　インドの独立運動を支配したということはよく知られている。

（8）最高裁判決、1956年11月13日

（9）ベンジャミン・クォールズ著　明石紀雄・岩本裕子・落合明子訳『アメリカ黒人の歴史』　明石書店　1994年、318頁

（10）同書、319頁

（11）Steven Levingston. *Kennedy and King: the President, the Pastor, and the Battle Over Civil Rights.*（New York: Hachette Books, 2017）. p.201.

（12）Nick Bryant. *The Bystander: John F. Kennedy and Struggle for Black Equality.*（New York: Basic Books. 2006）掲載の写真のキャプション。

（13）John F. Kennedy. *A Nation of Immigrants. 1958.* 現在は拡大版として

同じタイトルで、末弟のエドワード・ケネディの紹介文付でHarper Perennialより出版されている。

(14)『コモン・センス』は岩波文庫より出版

(15) 独立宣言の訳語は、大下尚一、有賀貞、志邨晃佑、平野孝編『史料が語るアメリカ:メイフラワーから包括通商法まで』有斐閣、1989年。35－38頁、に五十嵐武士による全文訳がある。拙訳のものは抄訳だが、W・ケンドール＋G・ケアリー著、拙訳、『アメリカ政治の伝統と象徴』彩流社、1976年、236－241頁に掲載。

(16) Dallek. P.253.

(17) マタイによる福音書　第7章、12節、他。

(18) 同時にこの2年の会期をもって一回の議会という。そのため、ケネディは大統領就任時には第87議会、そして2年が過ぎて第88議会を相手にしたわけだ。ここでは、この第88議会中に公民権法を成立させると言ったわけだ。結果としてはケネディの思惑通りとなった。

(19) Saul K. Padover, ed. Revised by Jacob W. Landynski. *The Living U.S. Constitution*. 1953. third revised edition. (A Meridian Book. 1995). p.285.

(20) 公文書Ⅲ、p.248.

第三章

(1) Dallek. p.686.

(2) ジャーナリストのセオドア・ホワイトはこの出来事を「危機」と称している。White, p386.

(3) *ibid.* p.387.

(4) *ibid.*

(5)『勇気ある人々』は宮本喜一訳で2008年に英治出版より復刻出版されている。1957年のピュリッツァー賞（伝記部門）を獲得している。

(6) Lucien S. Vandenbroucke, "The 'Confessions' of Allen Dulles: New Evidence on the Bay of Pigs." (New York: A Touchstone Book, 2008). James W. Douglas. *JFK and the Unspeakable: Why He Died and Why It Matters*. (New York: Simon & Schuster, 2008). p.14. に引用。

（7） *ibid.* p.15.
（8） Willie Morris, *New York Days.*（Boston: Little, Brown, 1993）. p.36.
（9） Douglas, p.16.
（11） 公文書 I. p.539.
（12） 同書、p. 589.
（13） Douglas. p.109.
（14） Les Krantz with the Associated Press. *JFK: A Daily Chronicle of the White House Years.*（AP., 2017）. p.74.
（15） Douglas. p.109.
（16） Richard Reeves, ed. *The Kennedy Years.*（N.Y.: Abrams, 2013）. P.203.
（17） Dallek. Pp.540~541.
（18） *ibid.*
（19） *ibid.*
（20） エクスコムのメンバーは以下の通り。
ロバート・ケネディ（司法長官）、ディーン・ラスク（国務長官）、ロバート・マクナマラ（国防長官）、ジョン・マッコーン（CIA 長官）、ダグラス・ディロン（財務長官）、マクジョージ・バンディ（大統領特別補佐官国家安全保障担当）セオドア・ソレンセン（大統領特別補佐官）、ジョージ・ボール（国務次官）、アレクシス・ジョンソン（国務次官代理）、エドウィン・マーチン（国務次官補）、レヴェリン・トンプソン（ソ連専門家）、ロズウェル・ギルパトリック（国務次官）、ポール・ニッツ（国防次官）、マックスウェル・テイラー（統合参謀本部議長）。他、必要に応じて招集。
（21） ロバート・ケネディ著　毎日新聞社外信部訳『13 日間　キューバ危機回顧録』中公文庫プレミアム　24 – 26 頁。
（22） この演説は同書の「記録文書」に掲載されている。112—122 頁。
（23）『13 日間』 54 – 56 頁
（24） Robert F. Kennedy. *Thirteen Days: A Memoir of the Cuban Missile Crisis.* (A Signet Book, 1969), p.80.
（25） *ibid.* p.89.
（26） *ibid.* pp.108-109.

(27)『13 日間』「解説」198 頁。

(28) Robert S. McNamara. *In Retrospect.* (New York: random House, 1995), p.341.

(29)『13 日間』108 頁

(30) 公文書Ⅰ。470 頁。

(31) 青木理『情報隠蔽国家』河出書房新社　2018 年　16 頁。

(32) 同書。17 ～ 18 頁。

第四章

（1）本書の第三章でみたように、ケネディは軍部の意向をほとんど無視した。第二次世界大戦、朝鮮戦争と大いに力を発揮して政権内で強い発言力と影響力を示していた軍部の提案・勧告を全く受け付けなかった。しかも、ソ連との宥和に向けて動き、ベトナムからは撤退する意向を表明した。これはこれから先の軍部の存在自体を否定するような動きだった。軍部が許せるはずはない。1964 年に控えた大統領選挙では再選が確実視されるだけの支持率を得ていた大統領は、軍部にとってもはや不必要な存在になった。ケネディ大統領の暗殺に軍部が関わっていたというのが、最も真相に近い考えだろう。私は軍部という「集団」では計画漏れなどの恐れがあり、暗殺実行は困難だと推測した。そこで、ひとりの軍人による計画・実行と考えた。実際に実行されたあとは、仲間を救い、真実が明らかになったときに当然予想される国内の大混乱を避けるために、軍部が隠蔽に協力し合ったと判断した。詳細は拙著『秘密工作　ケネディ暗殺——天国からのメッセージ』（彩流社、2003 年）を参照のこと。

（2）英語では *the Articles of Confederation and Perpetual Union* という。

（3）齋藤眞、武則忠見訳『フェデラリスト』福村出版、1991 年　440 頁

（4）Ralph Lerner. “John C. Calhoun.” Morton J. Frisch and Richard G. Stevens, ed. *American Political Thought: the Philosophic Dimension of American Statemanship* (New York: Charles Scribner’s Sons, 1971), pp.99-124.

（5）野上忠興 『安倍晋三　沈黙の仮面』小学館、2015年　9頁
（6）寺島俊穂抜粋・解説『復刻版　戦争放棄編　参議院事務局編「帝国憲法改正審議碌戦争放棄編」抜粋（1952年)』三和書籍、2017年　5頁
（7）同書、4頁
（8）同書同頁
（9）同書、5頁
（10）同書、7頁
（11）同書、6頁
（12）公文書　Ⅰ。470～471頁

引用文献

１．ケネディの演説・著作

The Office of the Federal Register National Archives and Record Administration, ed. *Public Papers of the President of the United States: John F. Kennedy, Containing the Public Messages, Speeches, and Statements of the President.* Vol. I~III. Second Printing, 2011.

Kennedy, John F. *A Nation of Immigrants*. N.Y.: Harper Perennial. revised ed., 2008.

高村暢児編『ケネディ演説集』中公文庫プレミアム　2004年

２. 英文書

Benson, G. Randolph. *Thomas Jefferson as Social Scientist.* Rutherford, N.J.: Fairleigh Dickinson University Press, 1971.

Bryant, Nick. *The Bystander: John F. Kennedy and Struggle for Black Equality.* N.Y.: Basic Books, 2006.

Bzdek, Vincent. *The Kennedy Legacy: Jack, Bobby and Ted and A Family Dream Fulfilled.* N.Y.: Palgrave Macmillan, 2009.

Cousins, Norman. *The Improbable Triumvirate*. N.Y.: W.W. Norton, 1972.

Dallek, Robert. *An Unfinished Life: John F. Kennedy, 1917-1963.* Boston: Back Bay Books, 2003.

Dobbs, Michael. *One Minute to Midnight.* N.Y.: Alfred A. Knopf, 2008.

Douglass, James W. *JFK & the Unspeakable: Why He Died and Why It Matters.* A Touchstone Book, 2008.

Frisch, Morton J. and Richard G. Stevens, ed. *American Political Thought: The Philosophical Dimension of American Statesmanship*. N.Y.: Charles Schribner's Sons, 1971.

Kennedy, Robert F. *Thirteen Days: A Memoir of the Cuban Missile Crisis*. A Signet Book, 1969.

Kennedy, Rose Fitzgerald. *Times to Remember*. N.Y.: Doubleday & Company, 1974.

Levingston, Steven. *Kennedy and King: the President, the Pastor, and the Battel Over Civil Rights.* N.Y.: Hachette Books, 2017.
Mclaughlin, Charles Capen, ed. *The Papers of Frederick Law Olmsted.* Baltimore: The Johns Hopkins University Press, 1981.
Nash, Knowlton. *Kennedy & Diefenbaker: The Feud That Helped Topple a Government.* An M&S paperback, 1991.
O'Donnell, Hele. *A Common Good: The Friendship of Robert F. Kennedy and Kenneth P. O'Donnell.* N.Y.: William Morrow, 1993.
Padover, Saul K. ed. Revised by Jacob W. Landynski. *The Living U.S. Constitution.* Third Revised Edition. A Meridian Book, 1995.
Reeves, Tomas C. *A Question of Character: A Life of John F. Kennedy*. Rocklin, CA: Prima Publishing, 1992.
Sandler, Martin W. ed. *The Letters of John F. Kennedy*. Bloomsbury, 2013.
Schlesinger, Arthur. *Thousand Days.* Boston: Houghton Mifflin, 1965.
White, Theodore. *The Making of the President 1960.* Pocket Books, 1961.

３．和書（訳書）

青木理『情報隠蔽国家』河出書房新社、2018 年
大下尚一、有賀貞、志邨晃佑、平野孝編、『史料が語るアメリカ：メイフラワーから包括通商法まで』有斐閣、1989 年
ギディングズ、ポーラ著、河地和子訳『アメリカ黒人女性解放史』時事通信社、1989 年
クォールズ、ベンジャミン著　明石紀雄、岩本裕子、落合明子訳『アメリカ黒人の歴史』明石書店、1994 年
寺島俊穂抜粋・解説　『復刻版　戦争放棄編　参議院事務局編「帝国憲法改正審議録　戦争放棄編」抜粋（1953 年）』三和書籍　2017 年
野上忠興『安倍晋三　沈黙の仮面』小学館、2015 年
ハミルトン、ジェイ，マディソン著、斎藤眞、武則忠見訳『ザ・フェデラリスト』福村出版　1991 年（A. Hamilton, J. Jay, & J. Madison. *The Federalist Papers*. A Mentor Book, 1961.）
前川喜平『面従腹背』毎日新聞出版、2018 年